キャビンアテンダント

グランドスタッフ

CAGS
エアライン
受験対策

書き込み式テキスト

2025年
就職版

JN007592

エアラインアカデミー SKYPath

木野本 美千代・日比 ひろみ

PENCOM

この本の特長と学習方法

ワーク形式で「自ら考える力」が身につく
3つのステップで確実に実力がつく

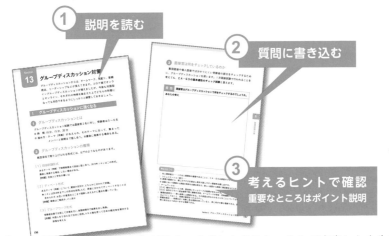

① 説明を読む

② 質問に書き込む

③ 考えるヒントで確認
重要なところはポイント説明

　本テキストの目的は、あなたがＣＡ・ＧＳになること、そして充実した人生を送ってもらうことにあります。テキストに沿って学習していけば、エアライン業界の人財として最も重要な「自ら考える力」が確実に身についていきます。

● 表記につきまして
　客室乗務員をＣＡ、グランドスタッフをＧＳと表記しています。

宣 言 書

私、＿＿＿＿＿＿＿＿＿＿は

１年後

客室乗務員、

グランドスタッフとして

働いていると

ここに宣言します

年　　月　　日

エアライン採用が再び戻ってきた！

みなさん、本テキストを手にしていただきありがとうございます。

コロナ禍で2020年から採用を中止していたエアライン業界ですが、2022年にＪＡＬが、2023年にＡＮＡもＣＡの採用を再開。エアライン採用が本格的に戻ってきたのです！

ただ、試験傾向は大きく変化しました。本テキストでは最新試験の想定問題と対策を解説し、皆さんのチャレンジを全力で応援していきます。

ぜひ、合格を手にしてください。

【コロナ禍以降の就職試験、主な変化】

●面接の質問に新たな傾向：コロナ禍や生成ＡＩを反映した新傾向の質問

「他企業、他部署への配置転換や転籍について」「チームワークについて」「自ら考え主体的に挑戦する人物かどうかについて」「ＡＩ化が進む中、今後空港はどうなっていくと思うか」など、これまでにない質問がありました。

これらの質問では、「様々な仕事に楽しさを見出し、成長できると捉える前向きさと柔軟性があるか」「社員一丸となって苦難を乗り越えようとする資質があるか」「自ら提案・改革していこうとするか」といった点が問われていたと考えられます。

●対面とオンラインの併用が一気に加速

2023年のエアライン業界の採用試験では、ＡＮＡやＪＡＬの１次面接はオンラインで行われ以降は対面でした。この流れは当面続いていくことが予想されます。

●既卒者採用を経て、「本気度」が一層問われる展開に

既卒者採用も行われ、採用中止で他企業を受験したものの、多くの既卒者がエアラインでの活躍の夢を諦めることなく挑戦しました。

強くたくましく生きている姿が面接官にとって魅力的に映り、多くの既卒者採用につながった理由だと考えられます。新卒者にとっても、これまで以上の「本気度」が問われることになるでしょう。

ココが POINT

コロナ禍を経て大きく変化したエアライン就活に対応

本テキストでは、ＥＳや面接試験の想定問題と対策、オンライン面接のコツも解説しています。

2024 年1月の出来事から

2024 年1月1日、石川県能登地方を震源とする能登半島地震が発生。

地震の大きさはマグニチュード 7.6 という巨大地震で、多くの人命が失われ、本格的な復旧には程遠い状況が続いています。

その翌日1月2日夕刻時には、羽田空港の滑走路で海上保安庁機とＪＡＬ機（A350-900）が衝突して両機ともに炎上、海上保安庁の5名の方が亡くなるという大事故が起きました。

事故の詳細が分かるにつれ、新千歳空港発羽田空港着の日本航空 516 便の搭乗客全員が救助されたことが、海外でも大きく報道されました。

ＣＡＧＳを目指すみなさんは、この事故からいろいろなことを感じたことでしょう。

私たちの仕事に求められるのは、「高いプロ意識」、何よりも「お客様の安全を守る」ということです。厳しいエマージェンシーの訓練を受けて、人として大きく成長し、高いプロ意識を持って乗客を助ける使命を帯びて飛び立つのです。

著者自身も訓練を受けた際に、教官から「この仕事の任務はいったん機内に入ったら、新人も熟練者も、男性も女性も、年齢差も関係なく、一人の乗務員としてお客様の安全を確保するする責任があります」と言われたことを今でも思い出します。

いみじくも、1月17日にはＪＡＬの新社長人事が発表され話題を呼びました（就任は4月1日付）。

客室乗務員（ＣＡ）出身で女性社長というのは、ＪＡＬ 73 年の歴史で初のことだったからです。就任会見では、「航空会社の根幹である安全とサービス。これが私のキャリアそのもの」と語っています。

私たちの日常は、「安全」の上にあります。

5

CA・GSになるための重要ポイントを厳選

このテキストは、CA・GSになるための重要ポイントを厳選していますので、毎日少しずつでも学んでいけば、2カ月で十分に学び終えることができます。

大きな課題（業界・職種・企業研究）から徐々に具体的な課題（自己分析・ES・面接）へとつながっているので、エアライン試験に必要なことが分かりやすく身につき、安心して試験に臨めます。スケジュールを立て、学習したページについては、目次の各項目にある（　）に学習日を記入していきましょう。そうすると自分の進度がつかめ、計画的に学習できます。

一度書き込んだ内容を何度も何度も見直して、書き直すことで、自分の力としていきましょう。

第3章　自己分析

第4章　職種研究

第5章　企業研究

第6章　1次試験突破のカギ

ココが POINT

オンライン個別対策もあります

「1人で頑張っていたら、自分の成長ぶりが分からない！」と
不安な人には、著者によるオンラインの個別対策もあります。
（カバー折り返し参照）

第1章
内定への道

面接質問から読み解く内定への道

01 面接質問から読み解く内定への道

お客様と直接関わる職種のＣＡやＧＳの採用では、面接試験が重視されます。答えの内容はもちろん、話し方、所作、目線などすべてを見るためです。ここでは過去に出題された質問をベースに、「ＣＡ、ＧＳ内定への道 12 のポイント」を解説します。

❶ 自己紹介、自己ＰＲ、志望動機・志望理由を考え、ブラッシュアップしていく

これらは、ＥＳや面接で必ず聞かれる就職活動の根幹ともいえる重要な項目です。内定への道はじめの第一歩として、**今の時点での自己紹介、自己ＰＲ、志望動機・志望理由をまとめてみましょう。**簡単でかまいません。そして、本テキストで学びながら試験の日までブラッシュアップしていきます。

> 【出題例】
> ・自己紹介、自己ＰＲ、志望動機をまとめて

❷ 職種について理解しているか、仕事を通してどのような人生を歩みたいかを考える

> 【出題例】
> ・当社のＣＡになったとして、どんなＣＡになりたいか
> ・当社のＧＳになったとして、どんなＧＳになりたいか
> ・当社で 10 年後どうありたいか

面接官は試験を通して、「あなたが企業にとって利益をもたらしてくれる人かどうか」を判断していきます。最近の面接では、**5 年後 10 年後、さらに 30 年後にどんなＣＡ・ＧＳになりたいのかを問われるケースも多く**なっています。長期的な視点で自分の人生をイメージしておくことが大切です。

③ 空港に出向く・飛行機に乗る（業界・会社・職種研究）

【出題例】
- なぜ航空業界を志望するのか
- 当社機に乗ったことはあるか。どう感じたか
- 当社のＣＡ、ＧＳを見たときどう思ったか

エアライン業界を目指したら、幾度となく空港に通いましょう。

ＧＳ職を目指す人は空港で働く人たちの仕事をじっくり見ることで、お客様への接し方や表情から様々なことを発見できます。

ＣＡ職を目指す人は、面接で「その会社に入りたい、機内でこんな仕事をしたい」と言っても、将来の職場を見たこともないのであれば、あなたの話には真実味が伴いません。受ける航空会社を一度は利用しておきましょう。

面接ではほとんどの航空会社で「なぜ、当社を受けたのか」という質問があります。各社の違いは、実際に体験してみると手に取るように分かります。

④ 企業について理解する

【出題例】
- 当社のイメージ
- 数ある航空会社の中で、なぜ当社か
- 当社の改善点について

企業のどの部分に焦点を当て魅力に感じているのか。表面的な企業研究に終わらず、自分の中に落とし込んでいるかを企業は探っていきます。

これによって、**本当にその企業で働きたいと思っているかという本気度を確認**しています。

⑤ あらゆるものに " アンテナ " を張り、考え方・視野を広める

【出題例】
・航空会社で最近気になったニュース
・外国人にどのような日本食を勧めるか

あらゆるものに " アンテナ " を張り、**読書やニュース、旅行などで知識の引き出しを増やし、考え方や視野を広めましょう。**

エアライン関連の書籍も数多く出版されています。読んでおくと試験の際に文章や会話の表現力が豊かになります。

生成ＡＩと就活

2022 年あたりから、にわかに「生成ＡＩ」の話題が日常的にメディアを賑わせるようになりました。就職活動においても、この点について自分なりの意見を持っておくことは大事です。

生成ＡＩは、データから新しい情報やコンテンツを自動的に生成するＡＩのこと。生成できるのは、テキストだけではなく、画像、動画…と様々なデータを生成します。これらを総称した呼び名が生成ＡＩです。

ビジネスや勉強、普段の生活において活用されることも増えています。

一方で、生成ＡＩに対する不信感、不安感も耳にします。

今後、精度も上がり便利さも増していくでしょう。同時に、著作権侵害や個人情報の取り扱い、倫理的な問題や偽情報などの懸念もあります。

生成ＡＩは道具にすぎません。生成ＡＩの専門家になる必要はありませんが、何ができて何が問題なのかという視点で、ニュース記事を理解しておくことは必須と考えます。

特に、**社内情報や個人情報の取り扱いについては**習熟し、自動生成された文書や情報の正確性や信頼性を確認する方法にも注意を払いましょう。

6 「その理由は？」と考えるクセをつける

【出題例】
- 海外経験から感じた日本文化の魅力
- もし機内で問題が起きた時、あなたが大事であると思うことは何か
- 考えてから行動するか、行動してから考えるか

最近の面接試験では、「理由を問う」質問が多く出題されています。

日頃から「その理由は？」と考えるクセをつけておきましょう。まずは身近なあなた自身のことから意識して、徐々に対象を広げていきましょう。

その際に文字化することで確実に力がつきます。

7 自己理解を深める

【出題例】
- あなたは周りからどんな人だと言われるか
- 短所とそれを改善するためにしていることは

採用担当者は様々な角度から、あなたの資質や意欲を見ています。

自己分析をして、自身の「強み、弱み」などを理解しておきましょう。強みと弱みは表裏一体。面接では、**弱みを理解した上で克服していこうという行動や経験を問う質問が多く出題**されています。

8 自分ならできる！のポジティブ思考に切り替える

【出題例】
- 挫折経験、それをどう乗り越えたか
- 学生時代の経験で「これだけは自慢できる！」ということは

「これまでで一番頑張ったこと」は、ほぼ全社の面接試験で出題されます。
コロナ禍を経て、この傾向は顕著になりました。会社を取り巻く環境が大きく変化するなかでも、ポジティブに捉えられる人が求められています。

「できる！」というポジティブ思考に切り替えていきましょう。

⑨ ホスピタリティマインドを身につける

【出題例】
- ＣＡ・ＧＳとしてどんな気持ちを大切にしたいか
- 今までで一番感動したサービスは

この仕事には、ホスピタリティが不可欠です。面接でも、その経験への質問が多く出題されています。

　私たちの周りには、手助けを求めている人がたくさんいます。そういう人たちに気づき、自ら近づいてヘルプするマインドや行動を身につけていきましょう。

⑩ 心身共に健康に保つ（健康管理）

【出題例】
- ストレスの発散方法は
- 体力に自信はあるか、その根拠は
- 健康管理で気をつけていることは

　ＣＡ・ＧＳは早朝便や深夜便を担当します。特にＣＡは国際線での時差もあります。今日はシンガポールにフライト、数日後には冬のニューヨークへということもあるため、気温差に慣れるのも仕事の一つです。そこから健康管理やストレス管理が必要となります。日頃から、**継続的に適度な運動やバランスの取れた食事など、健康的な生活を送ることを心掛けましょう。**また時間管理も心掛け、規則的な生活を送ることも大切です。

　その意識と行動が、前向きで意欲的な人としての印象を与えます。

ココが POINT

本テキストは「自ら考える」構成になっています

　内容に沿って学習していけば、エアライン業界の人財として最も重要な「自ら考える力」が確実に身についていきます。

⑪ 社会の一員として当たり前のことをきちんと行う

【出題例】
・社会人として大切にしなければいけないことは

　面接試験に向けて、良い第一印象を身につけたいものです。
　「おはようございます」「こんにちは」「お疲れさまです」「大丈夫ですか」
自分から声をかけてあいさつをしていると、笑顔も増えていくことが実感でき
ます。ほかにも、玄関での靴の脱ぎ方、お手洗いの使い方なども意識しましょう。
　人としてきちんとしていることは、全ての行動の基本であり、あなたの人柄
そのものとしてみられます。
　日頃から、当たり前のことが当たり前にできるように行動しましょう。

⑫ インターンシップに参加する（就活状況）

【出題例】
・内定状況について

　ＧＳはインターンシップを実施しているところが多くなっています。
　ＣＡのインターンシップは、ＪＡＬが 2022 年 11 月に 3 年ぶりの開催を発表
しました。
　各社の採用ホームページから情報を得て積極的に参加しましょう。
　ＥＳでは、インターンシップへの参加希望理由なども聞かれます。
　しっかりと理由が書けてインターンシップを実りあるものとするためにも、
少なくとも 1 回は本テキストを一通り最後まで学習しておきましょう。

まとめ

第 9 章 面接試験想定問題は、上記 1-12 のポイント別に分類・解説しています

気になるポイントを書き出しておきましょう

第2章
航空業界の研究

航空業界の採用試験を知る

航空業界の採用試験の流れについて見ていきます。

I 採用試験 内定へのスケジュール

　航空業界では、どのような採用試験が行われるのでしょうか。相手（企業は何を知りたいか）を知り、合格の戦略を立てる必要があります。

　なお、下記のスケジュールは 2023 年度をもとに作成しています。今後、採用試験期間が変更になる可能性がありますので、最新の採用試験情報を確認してください。

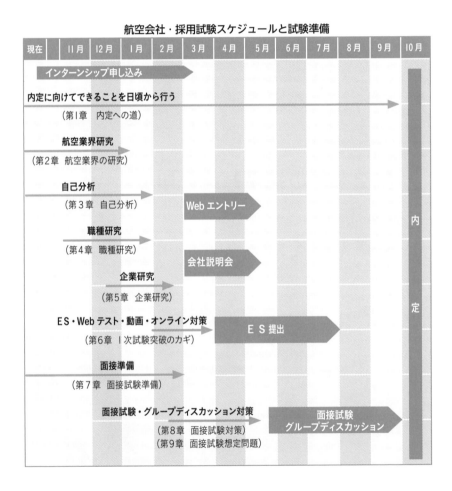

航空会社・採用試験スケジュールと試験準備

2　航空会社と募集要項

本内容は各社発表に基づきまとめたものです（2023.11 現在）。募集要項等は変更されることがあります。一つの航空会社に限らず、国内外含めて様々な航空会社を受験することをお勧めします。（掲載順：ＡＮＡ系→ＪＡＬ系→両系列以外は採用数の多い順。T=TOEIC、G=GTEC、IE=IELTS、英＝英検、↑＝以上）

主な航空会社の募集要項（※ 2023 年採用）

国内航空会社　ＣＡ			
航空会社	英語力	勤務地	採用予定数・勤務形態・その他
ＡＮＡ（全日本空輸）	T600/G260↑	羽田	新卒430名程度、既卒150名程度 正社員：新卒既卒・専卒↑
ＡＮＡウイングス	T600/G260↑	羽田・福岡・伊丹・中部	（予定数記載無し）正社員：新卒既卒・専卒↑
AirJapan	T600↑/G260/G4技能520↑/IELTS5.5↑	羽田・成田	正社員：96名程度；CA経験者 （'24年2月）72名程度；社会人として就業経験1年↑経験問わず
ＪＡＬ（日本航空）	T600↑/同程度の英語力	成田・羽田	新卒既卒350名程度、既卒'22/12月:250名程度、6月:180名程度 正社員：'21 〜 '23卒者・専卒↑ 正社員：'23年4月〜 '24年3月卒者・専卒↑
ジェイエア	T550/英２↑	伊丹	相当数、正社員：新卒既卒・経験者
日本トランスオーシャン航空	日常会話程度	那覇	若干名、正社員：新卒既卒・専卒↑
日本エアコミューター	一定の英語力	鹿児島など	若干名、正社員：新卒既卒・専卒↑
北海道エアシステム	日常会話程度以上	丘珠	若干名、正社員：高卒↑
琉球エアコミューター	（記載無し）	那覇	若干名、正社員：新卒既卒・専卒↑
スカイマーク	T600/英２↑	東京・兵庫	新卒26 〜 30名、第2新卒26 〜 30名、新卒・第2新卒('23/ 8入社)
AIRDO	T450/英準2	羽田・新千歳	新卒既卒、3月:21 〜 25名、12月:40名程度、専卒↑
ソラシドエア	T600↑	羽田	新卒26 〜 30名、既卒若干名、正社員：新卒既卒・専卒↑
アイベックスエアラインズ	T550程度	仙台	若干名、正社員：新卒既卒・専卒↑
スターフライヤー	T600↑	北九州・羽田	（予定数記載無し）正社員：新卒既卒・専卒↑・中韓語尚可
フジドリームエアラインズ	T550/英２↑	名古屋・富士山静岡	（予定数記載無し）正社員：新卒↑
オリエンタルエアブリッジ	（記載無し）	福岡	若干名、契約：普通運転免許・短卒↑
天草エアライン	（記載無し）	天草	若干名、契約：普通運転免許・高卒↑

LCC　ＣＡ			
航空会社	英語力	勤務地	採用予定数・勤務形態・その他
Peach Aviation	T600/G260程度	関西・成田・那覇	新卒既卒100名程度、既卒70名程度（12月） 正社員：新卒既卒・専卒↑高卒（3年以上就労）
ZIPAIR Tokyo	T600↑	成田	新卒既卒120名程度（7月・11月） 客室業務および空港旅客サービス業務、その他サービス企画業務などの地上業務に従事
スプリング・ジャパン	日常会話程度 T600	成田	24名程度、正社員：中国語優遇
ジェットスター・ジャパン		成田	（予定数記載無し）正社員：学歴不問・第2新卒歓迎
エアアジアX	T650↑	バンコク	（予定数記載無し）女157cm↑男170cm↑18才↑大卒又は同等↑
ジェットスター・アジア	T700↑	シンガポール	18歳↑158cm↑契約：日本国籍・短卒↑
スクート	T600↑	シンガポール	18歳↑女158cm↑男165cm↑高卒↑
ベトジェットエア	T600↑	ハノイ	30歳↓女160 〜 175cm・男170 〜 185cm・高卒↑
香港エクスプレス	T/L325R325	香港	18歳↑158cm↑・208cmリーチ、契約：大卒↑

※掲載の募集要項において責任を持つものではありません。募集が出た時点で各航空会社掲載要項をご確認ください。

外資系航空会社　ＣＡ（※は 2023 年採用試験実施　）			
航空会社	英語力	勤務地	採用予定数・勤務形態・その他
※シンガポール航空	英語堪能	シンガポール	18歳↑158cm↑・新卒既卒・短卒↑
※スターラックス航空	T600	東京・大阪	国内外短卒大卒・byMEXT、3年契約→正社員あり、アームリーチ210cm↑、新卒既卒
※キャセイパシフィック航空	T650（LRそれぞれ325↑）	香港	18歳↑、208cmリーチ 契約：日本国籍又は香港永住権保持者・高卒↑
キャセイドラゴン航空	T600	香港	
※香港航空	T400↑望ましい、T/IEの証明書保持有効	香港	18歳↑210cmリーチ・準学士・短期大学士
※マカオ航空	英語能力有する	マカオ	206cmリーチ↑・専卒又は短大卒・新卒既卒・日本国籍・中国語尚可
※マレーシア航空	英語堪能	クアラルンプール	高卒↑18～35歳/男女、女性157cm↑男性165cm↑
エバー航空	T550/英2	成田・羽田・関西	24名、160cm↑新卒既卒・専卒↑・中国語尚可
チャイナエアライン	T600/英2	成田	24名、160cm↑202cmリーチ 契約：日本国籍・既卒・中国語尚可・裸眼0.1↑
※大韓航空	T550↑or英2	成田	35名、新卒既卒・短卒↑
アシアナ航空	T500↑	東京・大阪名古屋・福岡	契約：短卒↑・韓国語尚可
タイ国際航空	T600	バンコク	35名、160cm↑3年契約・大卒↑・50m↑水泳
フィリピン航空（機内通訳）	T650	成田・中部	20～27歳・女160cm↑男167cm↑ 契約：専卒↑・日本国籍・全身写真・50m↑水泳
ベトナム航空	T600↑	ハノイ・ホーチミン	女20～28歳・男20～28歳、日本国籍・大卒↑ 女158～175cm・212cmリーチ、男165～182cm、
中国東方航空	（記載無し）	上海・東京	30名、20～26歳・女163～175cm・男173～185cm 契約：日本国籍・専卒↑全身写真
中国南方航空	T560/英2	東京	20～30名、162cm↑日本国籍・中国語優遇
中国国際航空	英語又は中国語	成田・関西	20～30歳・160cm↑日本国籍・短卒↑全身写真
海南航空	英語堪能	北京	21～35歳・212cmリーチ・専卒↑
※エミレーツ航空	英語堪能	ドバイ	21歳↑・160cm↑・212cmリーチ・高卒↑
※エティハド航空	英語堪能・多言語話者有利	アブダビ	21歳↑・161cm・高卒↑
※カタール航空	流暢な英語	ドーハ	21歳・212cmリーチ・高卒↑
アエロメヒコ（機内通訳）	T800↑	成田	スペイン語・派遣社員
ルフトハンザドイツ航空	英語堪能	フランクフルト	18歳↑・160cm↑・契約(3年)：高卒↑25m↑水泳
KLMオランダ航空	T700↑	関西・成田	21歳↑158～190cm 3年契約＋2年延長：日本国籍・短卒↑50m↑水泳
イベリア航空	英語堪能	マドリッド	女160cm↑男170cm↑日本国籍・高卒↑
スイス・インターナショナル	英語堪能	成田	20～25歳・158cm↑日本国籍・大卒↑・仏・独語・水泳可能
フィンエアー	英語堪能日本語	ヘルシンキ・東京・名古屋・大阪	160cm↑正社員：50m↑水泳
エジプト航空	T550	成田	21～27歳・157cm↑大卒レベル
フィンランド航空	英語堪能	ヘルシンキ	160cm↑正社員・50m水泳

※掲載の募集要項において責任を持つものではありません。募集が出た時点で各航空会社掲載要項をご確認ください。

航空会社	英語力	勤務地	採用予定数・勤務形態・その他	
国内航空会社　ＧＳ				
ＡＮＡエアポートサービス	T550/英2↑	羽田	400名 程度/合計	正社員：新卒・専門↑旅客（記載なし）GH（400名）/OP（若干名）（早期入社の場合あり）
			300名程度	正社員：専門新卒、既卒・GH（会社指定時期入社）
ＡＮＡ成田エアポートサービス	T550/英2↑	主に成田	50名程度/合計	正社員：新卒・専卒↑（早期入社の場合あり）
			51～100名/合計	正社員：新卒・短大卒↑GH/エンジニアリングサービス
			20名	正社員：中途（卒業後3年以内）・専卒↑
ＡＮＡ関西空港	一程度の語学力（英・中・韓など）	関西	160名程度（既卒と合算）/合計	正社員：新卒・専卒↑/既卒・専卒↑総合職（旅客/GH/OP/車整）（会社指定時期入社）
ＡＮＡ大阪空港	T500/英2↑	大阪	70名程度/合計	正社員：新卒・第2新卒・短大卒↑GH（会社指定時期入社）
			65名程度	正社員：専門新卒、第2新卒・専卒↑
ＡＮＡ沖縄空港	T500/英2↑	那覇・新石垣・宮古	70名程度/合計	正社員：新卒・専卒↑総合職（旅客/GH/車整）（'21～'24卒）
			45名程度/合計	正社員：専門新卒・総合職（旅客/GH/車整）
ＡＮＡ新千歳空港	T500/英2↑	新千歳	60名程度/合計	正社員：新卒、第2新卒・専卒↑GH/貨物H
			45名/合計	正社員：専門新卒・総合職（旅客/GH/貨物H）
ＡＮＡ中部空港	T500↑同等程度	中部、ANA就航空港並びに事業所	40名程度/合計	正社員：新卒・高専卒↑貨物H/GH
			20名程度	正社員：新卒・高専卒↑G/H
ＡＮＡ福岡空港	T500↑同程度	福岡	60名程度/合計	正社員：新卒・短大卒↑貨物/グランドサービス/OM（会社指定時期入社）
ＪＡＬスカイ	T550/英2↑	羽田・成田	300名程度	正社員：新卒、第2新卒・専門高専↑（'21～'24卒）総合職（10名程度）
			130名	正社員：新卒、既卒・専門、高専↑（会社指定時期入社）総合職（5名程度）
Ｋスカイ	T500/英2↑	羽田・関西	101～200名/合計	正社員：新卒、既卒・専卒↑航務
			70名程度	正社員：新卒・短大卒↑SP
ＪＡＬスカイ九州	T550/英2↑	福岡・熊本・大分・宮崎・長崎	30名程度（福岡）	正社員：新卒・専門（'23年～'24に卒業見込）SP
			若干名（福岡以外4空港）	正社員：新卒・専門（'23年～'24に卒業見込）SP
ＪＡＬスカイエアポート沖縄	T550/英2↑	沖縄県内8空港	80名程度/合計	正社員：新卒、既卒・高等学校↑空港OP/GH（会社指定時期入社）

（次頁に続く）

				60名程度/合計	正社員:新卒、第2新卒・専卒↑ エアカーゴサービス
ドリームスカイ名古屋	T500/英2↑	中部		若干名/合計	正社員:新卒、第2新卒・専卒↑ エアカーゴサービス ('23年12月入社)
JALスカイ札幌	T550/英2↑	新千歳・函館・ 丘珠		40名程度	正社員:新卒、第2新卒・専卒↑ ('21～'24卒)
				20名	正社員:新卒、既卒・専卒↑ ('21～'24卒)
JALスカイ大阪	T550↑	伊丹		20名程度	正社員:新卒、第2新卒・専卒↑
JALスカイ金沢	T550/英2↑	小松		各業務若干名	正社員:新卒、既卒・高等学校↑GH

※ＡＮＡ系、ＪＡＬ系で採用数の多い順に記載。採用を行っている会社はこれがすべてではありません。会社によって
は年数回採用試験を行っています。勤務地は空港です。
※掲載の募集要項において責任を持つものではありません。募集が出た時点で各航空会社掲載要項をご確認ください。
※下記の略語はスペースの都合で便宜上設定しています。各社で使用の社内コードではありません。
GH（グランドハンドリング）、貨物H（貨物ハンドリング）、OP（オペレーション）、OM（オペレーションマネージメント）、
SP（ステーションオペレーション）、車整（車両整備）

質問	あなたの今の英語力は？

「主な航空会社の募集要項」から、英語力に重点が置かれているのが理解できま
すね。あなたの今の英語力を客観視してみましょう。

TOEIC	GTEC
TOEFL	他の語学

ココが POINT

ＣＡは TOEIC 点数を重視する航空会社が多い

ＡＮＡグループは、TOEIC もしくは GTEC も可。（2023 年情報）
ここまで見てきた「航空会社と募集要項」から、ＣＡは TOEIC
点数を重視する航空会社が多く、また、ＧＳは TOEIC もしく
は英検の資格を併記しているところが多い。

3　CA採用試験の流れと内容

過去の採用試験の流れと内容

試験	ANA（2023年）	JAL（2023年）	他航空会社（CA）
1次	・書類（ES）Webにて書き込み ・※TOEIC600以上もしくはGTEC260ある人は、英語テスト免除 ・動画（1分間自己紹介）	・書類（ES）Webにて書き込み ・テストセンターにてWebテスト（数学・国語・英語・適性検査）	**ANAウイングス** 1次：ES、1分自己紹介動画 2次：適性検査（Web）・英語試験/GTEC-LR2（Web）→必要な方のみ・グループ面接（Web） 3次試験：個人面接、身体検査 **ジェイエア** 1次：ES、数・国・英（ペーパー） 2次：グループディスカッション 3次：最終グループ面接、身体検査
2次	・グループ面接/オンライン（20分） （面接官2人：受験者3人）	グループ面接/オンライン（20分） （面接官2人：受験者3人）	**日本トランスオーシャン航空** 1次：ES、動画提出通過後Webテスト 2次：グループ面接/オンライン 3次：面接、身体検査 **フジドリームエアラインズ** 1次：ES、Webテスト・動画 2次：グループワーク、グループ面接 3次：Web適性検査、身体検査
3次	・テストセンターにて筆記試験（SPI）（数学・国語） ・適性検査 ・グループ面接 （面接官2人：受験者3人） ・身長、体重、尿検査	・グループ面接 （面接官2人：受験者1人） ・身長、体重 ・ロールシャッハテスト	**AIRDO** 1次：ES 2次：グループ面接、簡易身体検査 3次：最終面接、Webテスト **ソラシドエア** 1次：ES、動画選考、通過後Webテスト 2次：グループディスカッション 3次：日本語/英語　グループ面接 4次：個人面接、耳鼻科診
4次	・個人面接 （面接官2人：受験者1人） ・身体検査 視力、色覚、心電図、血圧、採血（3本）、レントゲン（背骨・胸・腰）、鼻、聴力、インピーダンス* 握力、立位体前屈、平衡感覚	・個人面接 （面接官2人：受験者1人） ・身体検査 視力、色彩、レントゲン（胸部・腰）、尿、採血、鼻、聴力、インピーダンス* ・体力測定 長座体前屈、腹筋（足を持たないで1回）、4Kgボール持ち上げ	**スカイマーク** 1次：ES、適性検査、自己PR動画 2次：（グループワーク）Web個人面接、Web適性検査 3次：個人面接、合格後健康診断 **スターフライヤー** 1次：ES、Webテスト（数英国）玉手箱 2次：グループ面接、通過後Webテスト 3次：個人面接

※インピーダンス
　オージオメーターを使って鼓膜の振動をみる検査。中耳に水（滲出液）が貯まると正常の波形が出ない。
　に滲出性中耳炎（耳に水がたまる中耳炎）や耳抜き（耳と鼻とをつなぐ管の機能）の程度が分かる。
※最新情報は必ずホームページで確認してください。

4 GS採用試験の流れと内容

過去の採用試験の流れと内容（2023年）

1次	● 書類（ＥＳ）：全社（ＡＮＡグループ共通Webテスト） ● Webテスト（国・数・英・適性検査）（ＪＡＬスカイ・ＪＡＬスカイ大阪）
2次	● グループディスカッション/オンライン（ＡＮＡ沖縄空港・ＡＮＡ大阪空港） ● グループディスカッション/対面（ＡＮＡ新千歳空港・ＪＡＬスカイ） ● グループ面接 （ＡＮＡエアポートサービス・ＡＮＡ関西空港・ＡＮＡ大阪空港・ANA成田エアポートサービス・ ＡＮＡ新千歳空港・ＡＮＡ福岡空港・ＡＮＡ沖縄空港・ＪＡＬスカイ・ＪＡＬスカイ大阪）
3次	● 個人面接 （ＡＮＡ成田空港・ＡＮＡエアポートサービス・ＡＮＡ関西空港・ＡＮＡ大阪空港・ ＡＮＡ新千歳空港・ＡＮＡ福岡空港・ＡＮＡ沖縄空港・ＪＡＬスカイ） ● グループ面接（ＪＡＬスカイ大阪） ● 簡易身体検査/身長・体重・聴力 （ＡＮＡ大阪空港・ＡＮＡ関西空港・ＡＮＡエアポートサービス）

質問	「**過去の採用試験の流れと内容**」から、採用試験ではどのようなことに重点が置かれているのかを考えて書き出してみましょう。

● 2019年度からＡＮＡ、ＡＮＡウイングスをはじめ、地域航空会社も動画を導入しているところが増加。動画で第一印象を見るため、事実上の1次面接と捉えても良い。
● テストセンターでの試験は、ＥＳと同時の1次試験で実施し点数の低い人の不通過に使われているところと、2次や最終時に実施しているところがある。
● グループディスカッション、グループ面接⇒小グループ面接、個人面接の流れから、最初は第一印象、話を聞いている時の態度、チームワークなど、基本的なＣＡ・ＧＳの要素をチェックし、面接の回を重ねるごとに個人の特性をチェックしているようだ。
● ＣＡ試験には身体検査が入っている。全身チェックはもとより、腰・耳・鼻は上空の仕事のため特に重要視され、耳に至ってはインピーダンスという、より精密な検査もある。また、3次試験で両社共に体重・身長のバランスを見ている。ＪＡＬには、体力測定もあるためここからも健康や体力重視が理解できる。

ココが POINT

試験でチェックされる3つの柱

募集要項から試験でチェックされる項目は、面接、Webテスト（数学・国語・英語・適性試験）、身体検査が3つの柱であることが理解できます。試験までにそれぞれ対策をしておきましょう。

5 身体検査について

採用試験では次のような身体検査もあります。気になる点があれば、医師に相談するなどして早めに対処をしておきましょう。

背骨・腰・鼻・耳検査

ＣＡの仕事場が上空であることやその仕事内容から、背骨・腰・鼻はしっかり検査対象になります。近くの病院で試験の数カ月前にチェックして対処しておくと安心です。
側弯症、腰痛、中耳炎など心配な人は医師に相談しましょう。

尿検査

尿にたんぱくが出ていると診断される人が比較的多く見受けられます。血尿が出る人もいます。尿検査を軽く見ることは決してせず、これも早くから事前にチェックして自分の体質を知っておきましょう。
試験が近くなったら暴飲暴食は避け栄養バランスを考えた食事をする、規則正しい生活を送る、激しい運動を避けるなど心掛けることも必要です。

血液検査

血液検査のため、前日夜から食事制限される場合があります。貧血で検査当日に倒れる人もいるくらいです。貧血の症状があると採用は厳しいので、貧血があるかないかの検査もしておきましょう。

血圧検査

最高血圧が100mmHgを切ると低血圧とみなされ、これも採用考慮の一つになります。血圧も軽く見ることなく定期的にチェックし、自身の健康管理を総合的に行いましょう。

傷痕

身体検査時に、足・腕・手・首回りなど、ちょっとした傷も総合的な印象につながるため、特に試験前は注意が必要です。

歯

近年、外資系だけではなく国内航空会社でも重要視されています。矯正中に試験を受けるのであれば、金具が外せるのか医師に相談しましょう。

気になるポイントを書き出しておきましょう

ムリーヤは夢・希望そのもの

　ムリーヤという愛称を持つ世界一大きい飛行機 An-225 を知っていますか。

　全長 84 メートル、幅 88 メートルで、片翼に 3 基ずつ 6 基のエンジンを搭載し、32 個もの車輪を持つ飛行機です。

　ムリーヤは旧ソビエト連邦時代に、宇宙船を乗せて空輸するために当時ソ連の一部だったウクライナで製造されました。その後ソ連が崩壊したこともあり、宇宙船を乗せて飛行したのは 1 回のみでした。

　ウクライナに残ったムリーヤは、2000 年代から貨物機としてさまざまな役割を果たしています。戦車やヘリ、トラック、路面電車、飛行機の胴体部分の一部、130 トンの発電機などありとあらゆる物を運び、ムリーヤにしかできない仕事を多くこなしました。日本にも何度か飛来し、2010 年ハイチ大地震復興支援で使用する重機類 100 トン以上を輸送する目的で、日本の防衛省がチャーターし、成田国際空港に初飛来。2011 年 3 月の東日本大震災の際には、フランス政府による 150 トンの救援物資を日本へ輸送しました。2020 年には新型コロナウイルス関連での医療機器搬送にて 3 度も中部国際空港（セントレア）に降り立ちました。

　ところが、2022 年 2 月ウクライナ侵攻でロシアによって破壊されてしまいました。

　ムリーヤの見たこともない形とその存在に感動していた筆者は、小学生や中学生に航空業界の話をする機会があった時、この飛行機を子どもたちに紹介しました。ムリーヤを大好きだった人は世界中に大勢いたことでしょう。

　ムリーヤはウクライナ語で「夢」という言葉です。

　人々に夢と感動を与えてくれたムリーヤ。再建計画が進められているとの報道もなされています。再び、世界で活躍できる時が平和とともに訪れることを心から願っています。

航空業界を知る

航空業界ってどんなところ？
航空会社の企業研究をする前に、日本だけでなく、世界に目を
向け航空業界を理解していきましょう。飛行機は世界中を飛び
回ります。ですから**世界のどこかで何かが起きると、すべて運航
に関係してきます。**
**航空業界とはどんなことに関連していて、どのような影響を
受けるのか**、データなどから見えてくることを皆さんに考えて
いただくセクションです。

Ⅰ　飛行機について知る

❶　飛行機の歴史（概要）

●ライト兄弟、リンドバーグ

世界で初めて人が大空を飛んだのは、アメリカのライト兄弟で 1903 年で
した。それ以降目覚ましく飛行機は進化発展してきました。1927 年にはニュー
ヨークを飛び立ったリンドバーグがパリに着陸。初めて大西洋単独無着陸飛行
に成功しました。

●軍用機として飛躍的な進歩

2 つの世界大戦では各国が軍用機としての開発に力を注ぎ、飛躍的な技術
進歩をとげました。第二次世界大戦後、旅客機は高速化が進みプロペラ機から
ジェット機の時代となりました。

●大型化・高速化

1960 年代には一層の大型化・高速化が進み、1970 年代には地球の裏側へ
到達可能な航続性能を有し、さらに大型化したワイドボディー機の B-747 や
DC-10 などが主流となり、座席数の拡大と運賃の低下によって大量輸送時代の
幕開けとなりました。

●現在は中型機が主流

現在は A380 のような 2 階建て飛行機も運航されていますが、燃料費の高騰
によって中型機が主流になっています。

宇宙旅行に行く旅客機が飛んでいる時代も、そう遠くないかもしれません。

❷ 世界の空を飛ぶ民間飛行機の種類

　世界の主要な民間飛行機メーカーのうち、**ボーイング社とエアバス社は大型
〜中型機を主に製造し、エンブラエル社とボンバルディア社は小型機を製造**
しています。旅客数世界最大の旅客機はエアバス社のA380（既に生産終了）で、
ＡＮＡが３機購入し、2019年からハワイ路線に投入しています。ここでは世界
で使用されている主な大型機、中型機、小型機を見ていきます。コロナ禍にお
いて各航空会社は機材保有数や種類を少なくしています。**受験する際にはどん
な飛行機を運航しているのか、各社ホームページで調べてみましょう。**

　飛行機の価格について想像がつきますか？小型のB737-800で137億3,400万
円、B777-9で572億円です。世界で最も大型のエアバスA380（生産終了）は
611億6600万円で最も高価な飛行機です。（日本円価格は2017年エアバス社・ボー
イング社のカタログ価格をもとに、1USD＝¥140円で著者換算）

世界で使用されている主な旅客機

	ボーイング社		エアバス社	
超大型機	B747-8	愛称：ジャンボ 日本では日本貨物航空のみ運航8機	A380-800	総2階建て エミレーツ航空が最多保有（'23） ＡＮＡが３機（FLYING HONU）
大型機	B777-300 B777-200	2019〜日本政府専用機 愛称：トリプルセブン イーブイジェットNH C-3PO ANAJET	A350-1000 A350-900	最新鋭航空機 省燃費・低騒音機材 ＪＡＬ国内線のフラッグシップ
中型機	B787-10 B787-9 B787-9	ＡＮＡ：ローンチカスタマー ドリームライナー (-8,9)ANAGreenJet ピカチュウジェットNH ZIPAIR TOKYO、AirJapan	A340-600 A340-500 A340-300 A340-200	長距離路線向けのワイドボディ 4発ジェット旅客機。日本では購 入していない
	B767-300	中距離用 JALDREAM EXPRESS Disney100 AIRDO	A330-300 A330-200	エアアジアXなど
	B737-800 B737-500	ＡＮＡウイングス(ANA共通事業機) ＪＴＡ、ソラシドエア ＡＮＡウイングス	A320 A321neo	世界のLCCでも多く運航。ジェット スタージャパン、スターフライヤー ＡＮＡ、Peach
	エンブラエル社		ボンバルディア社	
	エンブラエル170 エンブラエル190	ジェイエア、フジドリームエアライ ンズ	DHC8-Q400	プロペラ機 ANAFuturePromise Prop. ＡＮＡウイングス 日本エアコミューター　　など

【解説】**ボーイング**：アメリカにある世界最大の航空宇宙機器開発製造会社。**エアバス**：本社はフラ
ンスのトゥールーズ。Ａ380は世界最大の民間航空機。**エンブラエル**：ブラジル　世界第3
位の旅客機メーカー。**ボンバルディア**：本社はカナダのモントリオール

2

航空業界の研究

③ 飛行機の着陸料

飛行機が空港に着陸する際には着陸料がかかります。着陸料は原則として機体の重量と着陸回数によって決まるのが一般的とされていますが、日本では飛行機の騒音レベルによっても料金が上下します。空港を航空会社が使用する際には、その他に停留料、手荷物取扱施設使用料、搭乗橋使用料などの費用がかかります。では、機種によってどのくらいの着陸料がかるのでしょう。

成田国際空港　国際線　着陸料（成田国際空港ホームページより抜粋）

機種	重量	着陸料	機種	重量	着陸料
A320	74t	122,100円	B787	210t	325,500円
B737	79t	138,250円	B 777-200	276t	427,800円
B767	182t	300,300円	B 747-400	386t	714,100円
A330	230t	402,500円	A380	569t	881,950円

④ 飛行機を利用している旅客数

● 2019 〜 2023 年（1 〜 11 月末）旅行客数（外国⇆日本）

下記の表から海外旅行者がようやく戻り始めたことが理解できますが、まだまだ道半ばの印象です。出国日本人数の方が少ないのもここから理解できますが、その理由を考えてみましょう。そして、ＣＡ・ＧＳとしてお客様をどのように対応することで増やせて、役割を担えるのかも考えてみましょう。

年度	その年の特徴	訪日外客数	出国日本人数
2019年	コロナ感染症パンデミック前	31,882,049人	20,080,669人
2022年	コロナ禍	3,832,110人	2,771,770人
2023年	コロナ感染症　5類へ移行	17,374,722人	7,649,136人

（日本政府観光局（JNTO）より一部抜粋）

●どのような国・都市に人々は観光に行くのでしょうか

アメリカの大手旅行雑誌『Travel ＋ Leisure（トラベル・アンド・レジャー）』が恒例の「ワールドベストアワード」調査の 2023 年版「世界の人気都市トップ 25」を発表しました（次頁の表）。

2023 年、ようやく多くの海外からの観光客を目にするようになりましたが、世界の人々はどのような都市に出かけるのでしょう。またそこからあなたはＣＡ・ＧＳとしてどのようなことが必要だと思いますか。

日本の有名都市だけでなく地方都市がさらに選ばれるようになるために、空港や機内でどのように自身を高めていくことが大事でしょうか。

2023年　世界の人気都市（10位まで抜粋）

順位	世界の人気都市	国名	順位	世界の人気都市	国名
1位	オアハカ	メキシコ	6位	メキシコシティ	メキシコ
2位	ウダイプル	インド	7位	東京	日本
3位	京都	日本	8位	イスタンブール	トルコ
4位	ウブド	インドネシア	9位	バンコク	タイ
5位	サン・ミゲル・デ・アジェンデ	メキシコ	10位	ムンバイ	インド
			25位	大阪	日本

5　空港のこれから

　飛行機が飛ぶためには、必ず空港が必要となり、世界中には多くの空港が存在します。空港についても理解を深めておきましょう。

●規制緩和が進んだ1970年代

　1970年代に入り、航空需要の増大に伴って航空産業の規制緩和が進みました。1987年にはイギリスBAA（英国空港運営公団）の民営化により、ヒースロー空港や、ガトウィック空港が民営化され、世界初の民間による空港経営が始まりました。国や自治体など公共の所有から、民間企業に経営を任せるこの動きは1990年代後半になると世界中で広がり、2021年時点で世界中の約190の空港が民営化されています。

●日本では2016年の関西国際空港・大阪国際（伊丹）空港を皮切りに進む民営化

　日本には97の空港がありますが、2016年の関西国際空港、大阪国際（伊丹）空港を皮切りに、仙台空港が民営化されました。続く、高松・神戸・下地島・静岡・南紀白浜・福岡・北海道内7空港・熊本・広島空港が民営化しましたが、航空会社と同様、コロナ禍による旅客数の減少で収入が落ち込み、赤字決算を発表する空港やターミナルビル運営会社が続出しました。

　また、日本の空の玄関口、成田国際空港と羽田空港の運営権を民間に売却する「コンセッション※」の実施を政府が検討しています。

※**空港コンセッション**：滑走路や空港旅客ターミナルビルなどの空港関連施設の所有権は国や地方自治体など公的機関が持ったまま、長期間の運営権を民間企業が取得し、空港の維持・管理や運営を民間が担う事業形態のこと。（日本経済新聞ー NIKKEI COMPASS より）

●コロナ収束後の航空需要を取り込むことが必要不可欠

　各空港会社は、コロナ収束後の航空需要の取り込みや地方創生の実現に向け、飛行機の利用者だけでなく、空港そのものを目的と考えるお客様の取り込みを推進しています。

　空港コンセッションで国内初の本格的な空港運営事例となった関西国際空港と大阪国際（伊丹）空港では、2025年日本国際博覧会（略称「大阪・関西万博」）に向け、開港以来、初の大規模リノベーションにより、国内外の訪問客を受け入れる日本及び関西の玄関口としての機能強化を進めています。

　空港は訪れてみることで、より各空港の特徴を知ることができるでしょう。

まとめ

航空業界の今後は？

　かつて経験したことのないほど全世界に影響を及ぼした新型コロナウイルス感染症（COVID-19）の感染拡大により、航空業界は大打撃を受けました。しかし、感染症の収束と共に人々は世界中を移動開始。
これからの航空業界がどうなっていくのか、その中でどのように働きたいのか、考えておきましょう。

2　航空会社について知る

① 世界の定期旅客便の航空会社数

　３レター※の空港コードを持つ空港に就航している世界の定期旅客便の航空会社の総数は648社（2019年。2018年は741社）です。
（一般財団法人 日本航空機開発協会　令和3年度版 民間航空機関連データ集より）

※３レター　空港コードは、ＩＡＴＡ（国際航空運送協会）により定められており、世界に1万以上ある空港にコードが割り振られている。（例：羽田＝ＨＮＤ）
一方、ＩＣＡＯ（国際民間航空機関）は４レターコードで、公的機関や航空管制系統で使用されている。

2 世界の航空会社 （旅客数・売上ランキング）

　次頁の表は、「2022 年世界の航空会社旅客数と年間売上ランキング」です。ここからどのようなことを読み取れるでしょうか。

2022 年世界の航空会社旅客数と年間売上ランキング

順位	航空会社名	旅客数 （100万人）	順位	航空会社名	年間売上 （10億ドル）
1	アメリカン航空	199.3	1	アメリカン航空	49.0
2	デルタ航空	171.4	2	デルタ航空	45.6
3	ライアンエアグループ	168.6	3	ユナイテッド航空	45.0
4	ユナイテッド航空	144.3	4	エミレーツ航空	29.2
5	サウスウエスト航空	126.3	5	エールフランス	27.5
6	ルフトハンザグループ	101.8	6	ルフトハンザグループ	26.9
7	ＩＡＧグループ	94.7	7	ＩＡＧグループ	24.0
8	インディゴ	85.3	8	サウスウエスト航空	23.8
9	トルコエアライングループ	71.8	9	トルコエアライングループ	18.4
10	イージージェット	69.7	10	中国南方航空	13.0

（資料 VISUALCAPITALIST）

まとめ

コロナ禍においても強さを保つ米国の航空会社

　2022 年の旅客数では、上位 5 社のうち 4 社が米国、また売上高では上位 3 社を米国の巨大航空会社が占め、それに次いで欧州の航空会社が入っています。コロナ禍であっても欧米の航空業界の復活の速さを物語っているのではないでしょうか。

　また、中国の航空会社は、2022 年では年間売上で 10 位に中国南方航空だけが入っているのは、同年 12 月まで続いたゼロコロナ政策の影響と思われます。

　2023 年は中国の航空会社が上位に来るのか、ライアンエアやサウスウエスト航空などの巨大 LCC が業績を回復してくるのかを注目しながら、ＡＮＡやＪＡＬの今後更に活躍していく姿に期待しましょう。

> 気になるポイントを書き出しておきましょう

3 航空会社の特徴を知る

❶ 航空産業は国の重要な基幹産業

　空港は道路や港などと同じく人流や物流の拠点で、社会や経済を支える
インフラです。その空港を基盤として、飛行機を使えば特有のスピードを
生かして様々なことを可能にしました。飛行機は世界の国々との人的物的
輸送にどのような役割を担ってきたのでしょうか。

［1］ヒトの移動

　ヒトは世界中を移動します。観光やビジネス、留学などどこにでも行ける
時代。飛行機によって昨日ロンドンにいても1日たてば東京に戻ることも可能
です。そのフライトが毎日運航していることを考えれば、海を渡る必要不可欠
な足となっています。

［2］モノの移動

　飛行機のスピードを生かして緊急を要するものを世界中に届けることが可能
になりました。戦争や紛争地域、また災害の時も医療・医薬品を届けるのは
重要な役目です。肉や魚、野菜類などの生鮮食品も、海外から一両日に届く
ことも可能になりました。それも飛行機があるからこその恩恵です。

［3］文化の交流

　絵画、音楽、バレエ、ミュージカルなど世界的の芸術に直接触れることも
可能になりました。これらの文化交流は人々の心を豊かにするだけではなく、
様々な国への理解を促すことに役立っています。

［4］動物を通じた交流

　1972年パンダが初めて日本にやってきました。以降パンダ外交という言葉
が生まれたように中国との関係を象徴する外交的シンボルを支えたのは飛行機
でした。多くの動物が貨物機で日本の動物園にやってきました。
　また日本の競走馬が海外遠征で活躍していますが、それを可能にしている
のも飛行機です。

［5］ 大変な時もスピードを生かして活躍

　2011 年の東日本大震災では、航空会社は多くの臨時便を出し災害時支援を行いました。世界の国・地域からは速やかに災害救助隊が派遣され、救援物資も届けられました。国内に目を向けてみても、日本の離島に住む人々の医療や生活を守るために必要不可欠な存在になっています。四方を海に囲まれた日本において、航空産業・航空会社は重要な基幹産業と言えます。

［6］ 国際政治の舞台を支える航空業界

　世界各国の首脳が様々な問題を話し合い、解決するために、直接向き合って話し合う姿を、テレビや SNS で目にすることが多いと思います。

　また、紛争や戦争が起きた地域へ、国民を救出に行くこともあります。

　航空会社では、そういう皆さんとお客様として接することがあるということ。国際的な重要な舞台をサポートする仕事でもあります。

❷　世界情勢から影響を受ける航空会社

　国から国へとヒトやモノを運ぶ航空会社は、世界中の様々なことから影響を受けます。具体的に見ていきましょう。

［1］ 世界の人口動向

　国連人口基金『人口白書 2023』によると、2023 年の世界人口：80 億 4500 万人で、昨年に比べ 7000 万人増加しました。

　2023 年はインドが中国を抜いて世界で最も人口が多い国になり、世界人口は 2030 年に約 85 億人、2050 年には 97 億人に増える予想です。インドは、これから世界のあらゆる航空会社が目を向ける地域であり、人口動向は航空会社に大きな影響を与えます。関心をもっておきましょう。

世界の人口（『人口白書 2023』より）

順位	国　名	人　口	順位	国　名	人　口
1	インド	14億2,860万人	6	ナイジェリア	2億2,380万人
2	中国	14億2,570万人	7	ブラジル	2億1,640万人
3	アメリカ	3億4,000万人	8	バングラデシュ	1億7,300万人
4	インドネシア	2億7,750万人	9	ロシア	1億4,440万人
5	パキスタン	2億4,050万人	10	メキシコ	1億2,850万人
			12	日本	1億2,330万人

（国連人口基金『人口白書 2023』https://tokyo.unfpa.org/ja/SWOP）

［2］世界の経済動向

●経済成長率とインフレ率

経済の成長は航空業界の活性化には大切な要素です。

経済動向を見る指標として経済成長率（GDP の増加率—物価の上昇率）があります。ＩＭＦ（国際通貨基金）によると、2023 年世界経済見通し（WEO）による成長率（実質 GDP）予測は 3.0%、日本は 2%、米国が 2.1%、ユーロ圏が 0.7%、中国 5%、インド 6.3% となっています。

また、世界のインフレ率（消費者物価指数）は、2022 年をピークに、'23 年 '24 年と低下していくと予想されていますが、いずれも見通しを上方修正しており、インフレ圧力の高さをうかがえ、世界的なインフレが人々の生活を脅かしています。

●為替変動

為替変動が航空会社の利益に大きな影響を与えます。2023 年 12 月現在、1 USD = 142 円前後で推移していますが、2021 年 1 月の 1 USD = 103 円に比べればかなりの円安です。

デメリットとしては、日本人出国者（アウトバウンド）にとっては割高な旅行になるため、旅行を手控える人が多くなれば航空会社にとってはマイナスになります。また燃料の高騰、機材購入や機材の部品調達、チケット代金の値上がりなど様々なところにその影響が出てきます。

一方、**メリットとしては**訪日外国人数（インバウンド）が増えることです。外国人客にとっては、日本での宿泊や食事、購入する物品などが円安でメリットがあります。'22 年 10 月にコロナ禍により制限されていた 1 日の入国者数上限が撤廃されたこともあり、インバウンド需要の回復が見込まれています。

［3］イベントリスク

国際線は日本から世界へ、世界から日本へと拡大し続けています。

しかし、今回のコロナのように、**世界のどこかでひとたび何かが起これば影響はその国だけにとどまりません。いつどこでどんな状況に巻き込まれるか分からない危険性があります。これをイベントリスクと呼びます。**

どのようなイベントリスクがあるか、世界に目を向けて考えてみましょう。

●原油価格の高騰

2021年から始まった原油価格の高騰には様々な要因があります。

大きな要因として、石油輸出国機構（OPEC）※と非加盟の主要産油国で構成する「OPECプラス」が需給調整を通じて石油価格の維持を図るようになったことが挙げられます。また、世界第3位の産油国であるロシア（OPECプラス参加）がウクライナに軍事侵攻したことで主にG7※参加国が経済制裁を行いました。特にヨーロッパの国々や日本は原油を輸入に頼っていることから高騰のあおりを直接受けてしまいます。このような**不安要素を抱えている航空会社ですが、2050年の脱炭素社会の実現に向けて、次世代の航空燃料と呼ばれる「SAF」（持続可能な航空燃料）に着手**しています。

　※OPEC…石油輸出国機構（サウジアラビア、イラン、イラク、クウェート、ベネズエラの5カ国で1960年9月に設立され、2018年6月末現在は中東やアフリカ、南米の14カ国が加盟）
　※G7（日本、米国、イギリス、ドイツ、フランス、イタリア、カナダ及びEUで構成される政府間の政治フォーラム）

●感染症の世界的な拡大（エピデミック・パンデミック）

WHO（世界保健機関）は、2020年1月30日、新型コロナウイルス感染症について、「国際的に懸念される公衆衛生上の緊急事態（PHEIC）」を宣言し、その後、世界的な感染拡大の状況、重症度等から3月11日、「新型コロナウイルス感染症をパンデミック（世界的な大流行）とみなせる」と表明しました。

日本においては、'23年5月新型コロナは5類に移行し、ようやく航空業界や旅行、観光業界も活気を取り戻してきました。

しかし、今後、いつ同じ状況が起こるとも限りません。

●世界各地での事件や紛争

1990年8月、イラクのクウェート侵攻の時には、路線変更が度々ありました。その1カ月後の9月2日、侵攻で勃発した湾岸危機でイラクの人質となった日本人のうち70人が、日航特別救援機に乗り継いで帰国し、航空業界に注目が集まりました。また、2001年9月11日のアメリカ同時多発テロ事件では、その後のニューヨーク便にも多大な影響を与えました。

2022年2月に始まったロシアによるウクライナ侵攻は現在、ヨーロッパ便の飛行ルート変更につながっています。またイスラエルによるガザ地区への空爆のため、イスラエルへの運航便は停止しています。このように、飛行機は国から国へと飛行するため、世界各地での事件や紛争から大きな影響を受けます。航空業界の困難さは地政学的見地にあると言えるでしょう

[４] 観光や世界的な催しの開催

　世界的に有名な観光地は、世界中の人々が絶えることなく訪れます。

　国際的な市場調査会社ユーロモニターインターナショナル社のレポート『外国人訪問者数世界 TOP100 都市 2019 版』によると、「2019 年、世界のインバウンド訪問者数は、延べ 15 億人に達すると見込まれている」と発表されています。翌年の 2020 年からの新型コロナウイルス感染症の蔓延^{まんえん}により訪問者数は激減しましたが、2023 年からようやく元の状態に戻りつつあります。

　また世界的なスポーツ祭典である 4 年に一度のオリンピック、パラリンピック、サッカーやラグビーのワールドカップは、世界中の人々が移動するため航空業界は活気づきます。**2024 年にはフランスでオリンピックが、日本では、2025 年に大阪・関西万博の開催が予定されています。**

　世界中が争うことなく、人と人が思いやりをもって、個々を尊重する世界になることが航空業界の発展には欠かせません。

まとめ

航空業界のこれからに期待 !!

　航空業界の業績を左右する要因にはあらゆるものがありますが、中でも世界経済の安定が何よりも大切です。しかしそのためには、世界中に紛争や戦争が起こることなく平和に人々が暮らすこと、また地球の環境保全をしていくことが航空業界の発展のためにも何より重要です。

　これまで航空業界はその歴史の中で、2001 年の 9.11 同時多発テロ、2002 〜 3 年の SARS 流行、2008 年のリーマンショックなどを経験しながらも克服し成長してきました。

　経済や世界情勢の波は世の常です。これからの航空業界に期待しましょう。

質問	世界情勢から航空会社の将来について考えてみましょう。

[1] 世界の人口動向から

[2] 世界の経済動向から

[3] イベントリスクから

［4］観光や世界的な催しの開催から

考えるヒント ・・・

［1］世界の人口動向から

人口の多い国のランキングからあなたは何を想像しますか？

人口の多い国はそれだけ航空便利用者数も増えるでしょう。日本の航空会社も、これから
どの国へ便数を多くしていくのか、日本の企業動向や、来日者数など観光の面から考慮して
決定していくことになるでしょう。

［2］世界の経済動向から

世界の景気が良い方向であることで航空会社も潤うことから、まずは平和な世の中であれば
物価の高騰もある程度抑えて、ヒトやモノの運搬が活発になります。

そこから今の世界経済の現状はどうかを考えてみましょう。

［3］イベントリスクから

世界で紛争や戦争が起こるたび、航空会社もどのように巻き込まれるのか考えてみましょう。
またイベントリスクだけでなく、地震という自然災害においても空港閉鎖になり飛行機も飛ぶ
ことができなくなります。そのような中でも、そこに住む人々の移動や、食料や衣料品を運ぶ
役目もまた飛行機も担っています。

改めてインフラとして飛行機の役割を考えてみましょう。

［4］観光や世界的な催しの開催から

様々なリスクもありながら、それでも空を飛ぶ飛行機は、常に人々に夢を、希望を与えて
います。

空港を利用した時に飛行機に乗ったその感動を人は何度も感じたことでしょう。

その夢や感動はスポーツや、エンターテイメントが与えてくれます。

あなたの感動体験があればまとめてみましょう。

4　航空会社の未来

① 航空会社のこれから

　約3年にわたる新型コロナウイルス禍の経験を、航空会社は今後どのように生かしていくのでしょうか。特に日本では、

- 本家本元のFSC（フルサービスキャリア）のさらなる充実
- 系列LCC（ローコストキャリア）の路線拡大
- 人的資源の活用
- 脱炭素を目指す持続可能な航空燃料（SAF）の使用
- 非航空事業（Eコマースなど）の収益拡大
- 航空連合のさらなる強化

等の取り組みがあります。ここでは国内のFSC、LCC、ローカル航空会社（国土交通省：地方航空会社と表記）などを見ていきます。

［1］日本国内のLCCとローカル航空会社

ＡＮＡ系LCC	ＪＡＬ系LCC	ローカル航空会社
Peach Aviation Air JAPAN	ZIPAIR Tokyo SPRING JAPAN JETSTAR JAPAN	スカイマーク・ソラシドエア・スターフライヤー・AIRDO・IBEX・フジドリームエアラインズ　など

用語解説 ．．．

● **FSC**（フルサービスキャリア）
Full Service Carrier ＝ FSCとは、従来型の旅客サービスを提供している航空会社のことで、基本的には、複数の座席クラス（ファースト・ビジネス・エコノミーなど）を提供し、機内食や飲料も予め運賃に含めて提供する等の共通点がある。

● **LCC**（ローコストキャリア）
Low Cost Carrier=LCCは格安航空会社。LCCは米国での航空自由化の流れの中で登場し、今では世界中で飛んでいる従来のFSCと比べて運賃が安く、サービスや選択肢が限られている。その先駆けである米国のサウスウエスト航空、アイルランドのライアンエアなど巨大LCCがある。

● **ローカル航空会社**（国土交通省：地方航空会社と表記）
日本では、近年、戦後長らく続いた航空産業に対する政府規制が緩和され、1998年には、35年ぶりに新規航空会社による定期旅客輸送が開始された。スカイマーク・エアラインズが航空輸送業における規制緩和政策（幅運賃制度）による新規参入航空会社の第1号。ＡＮＡやＪＡＬより低運賃でありながら機内サービスも実施している。また地域密着型として地域に根付いており、AIRDO, ソラシドエア、スターフライヤー、フジドリームエアラインズ、アイベックスエアラインズなどがある。

[2] FSCとLCCを様々な観点から比較して違いを確認する

FSC （フルサービスキャリア）	項　目	LCC （ローコストキャリア）
	チケット 予約・販売	
	使用空港 の特徴	
	使用機種	
	駐機 （地上滞在） 時間	
	預託手荷物	
	チケット	
	働き方	
	制　服	

[3] ローカル航空会社の特徴も調べて記入していく

ローカル航空会社の特徴	
路　線	
機　材	
搭乗客	
生活との密着性	
魅力ポイント	

ココが POINT

航空会社の個性を知ろう

　いかがでしたか？ 様々な航空会社が日本には存在し、それぞれの個性を持ちお客様に愛されています。
自分が働きたいと思える航空会社の数を増やしましょう。

1 ポストコロナ時代のCA・GSに求められていること

●競争激化の航空業界

　次に、この時代にCA・GSに求められることは何かを考えていきましょう。

　現在、日本国内だけで、主な旅客航空会社がいくつあるか知っていますか？国土交通省によると 2021 年冬季運航の会社は 24 社に及びます。

　日本の空は狭いですが、ローカル航空会社の存在が増えたことで競争が高まり、**旅客にとっては飛行機の魅力は多様化し、好きな航空会社を選べる**時代になりました。

　一方で、日本は超高齢化社会、人口は年々減少傾向にあることは「世界の人口動向」(P37) で見てきました。日本の国土の中で航空業界は、**2大航空会社、ローカル航空会社、および、今後ますますその存在が大きくなることが予想されるLCCと、競争激化の業界**でもあります。

●最前線で顧客獲得の使命負う

　競争が激しく、生き残りをかけている航空会社において、１人でも多くの新規のお客様とリピーターを確保していくことがとりわけ重要です。

　その使命を担っているのが、最前線で１番お客様に近いポジションにいるCA・GSです。

　また、GSは手荷物預かりなど、次第に業務が簡素化、**AI化される中で、どのように必要不可欠な人財となっていくか**がさらに重要になります。

　ポストコロナで各航空会社はどのような方針・戦略を打ち出し、この多難な時代を乗り越えていくのでしょうか。

　CA・GSは空の仕事だけではなく、他企業であってもその中に入り、航空会社の顔としてアピールしていく存在となるかもしれません。

② 航空会社という組織の1人

ここでもう一つ航空業界を理解する上で大事なことがあります。

それは、あなたが採用される時、1人のCA・GSとして採用されるというよりも、**その会社という組織の中の1人としてふさわしいか否かを判断され採用されることの方が大きい**、ということです。

特に新卒試験を考えると、一般企業と同じ時期に採用試験が行われます。CAの試験内容には身体検査が入るところが特徴ですが、試験過程において大差はありません。

「会社という組織の中の1人」であることを下記の【図1】は表しています。

1機に多くの職種の人が関わっていることが分かります。

【図1】航空会社の仕事（概要）

操縦室
（パイロット）

客　室
（CA）

整　備　　　　機内清掃　　　運航管理（航務）

旅客ハンドリング　　　　　　ケータリング　　　　　グランドハンドリング
（GS）　　　　　　　（飲食の用意・運搬）　　　　（地上支援業務）

電話でのフライト予約　　　　パックツアー　　　営　業　　　総務・人事・経理など
予　約

質問	「【図1】航空会社の仕事」から、ＣＡは接客と保安に対する要素だけではなく、さらに必要とされることは何かを考えてみましょう。

質問	「【図1】航空会社の仕事」から、ＧＳは旅客と最初に出会う「会社の顔」として、予約から空港に至るまで、同じ会社の仲間がどのように関係しているかを考え、どのような気持ちで仕事をする必要があるかまとめてみましょう。

考えるヒント •

ＣＡとＧＳが空港や機内で直接旅客と接するが、飛行機を飛ばすためには、【図1】にあるように様々な部門、職種が関わっている。例えばパックツアー客なら、営業担当者が旅行代理店に座席を売るところから関わっている。ＣＡ・ＧＳだけがお客様に接しているというのではなく、社員全員で一機を飛ばしているという意識を持つことが求められている。

第3章
自己分析

Section 04

自己を理解する

自己を理解する

【汝　自身を知れ】自己探索を具体的に行うことが、ＥＳ・面接の
土台になります。

Ⅰ　なぜＣＡ・ＧＳになりたいの？

　採用担当者は、様々な角度からＣＡ・ＧＳとしてふさわしいかどうか、
あなたの資質や意欲を見ています。あなた自身がどのような人か、なぜ応募
してきたのか、明確な答えがないと採用側も判断がつかず、採用判定のテーブル
に乗ることすらできません。当然内定を得ることは難しくなるでしょう。

　この章では自分を知るために自己を探索していきます。

　**あなた自身が「なぜ自分はＣＡ・ＧＳにふさわしいのか」を知ることが
スタートです。**

質問	はじめに質問です。あなたは、なぜＣＡ・ＧＳになりたいのでしょう。今の思いを書いてみましょう。

●明快に説明できましたか？

　多くの人が、憧れそのものや憧れたきっかけについて書いたのではないでしょうか。「空港を利用した際にＣＡやＧＳの姿を見て、なりたいと思った」というように。

　でも憧れているからといって、お客様に良いサービスができるとは言えませんね。**採用担当者には、「自分にはＣＡ・ＧＳが適職であり、単なる憧れではなく仕事として選んだのだ」ということを端的に伝える必要があります。**

　次ページからの自己分析をしていけば、しっかりと伝えることができるようになりますよ！

ココが POINT

> **自己分析が重要**
> 　就活では、自己分析が自分の「軸」を見極めていく上で重要。
> あなたらしさを探し、相手にあなたの良さが伝わるように、
> 自己ＰＲや志望動機につなげていきます。

気になるポイントを書き出しておきましょう

---

2 「私」について考える

① 振り返ってみる　ライフラインチャートを記入する

　最初に、過去から現在までのあなた自身について振り返ります。

　昨今、人生 100 年時代と言われていますが、あなたが生きてきた時間は20 年前後ですね。しかし、その年月は様々な経験をして日々成長を遂げてきた月日の積み重ねです。ライフラインチャートは、自己分析を進めて自分について考えていく上での一つの材料となります。印象に強く残る経験・出来事を直感的に記入してみましょう。その経験・出来事に直面したときに、満足度（充実度）はどれぐらい高かったのでしょうか。そして、それがなぜ自分にとって充実していたのか、その理由を考えることが大切です。

　同時に将来のキャリアや職業について考えるきっかけとなった経験・出来事はいつだったのかも振り返ってみましょう。

●作成手順

① 自身に影響を与えた経験・出来事（一生懸命頑張ってきたこと、成功体験、失敗体験等）を思い出します。

② 経験・出来事について、時期と満足度を 示す箇所に印をつけ、その近くに経験・出来事の内容を記入します。

③ 上記でつけた印を曲線で結びます。

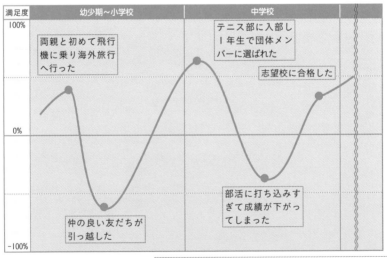

参考：厚生労働省「実践的能力証明シート活用マニュアル」

52

| 質問 | ライフラインチャートを記入してみましょう。 |

満足度	幼少期〜小学校	中学校	高校	専門学校・大学	社会人
100%					
50%					
0%					
−50%					
−100%					

3

自己分析

② 振り返ってみる　自分史を作る

　ライフラインチャートを書くことで、いろいろな場面で自分なりに頑張ってきたことや、好きだったことに思いあたったのではないでしょうか。

　自分のモチベーションが上がるのはどんな時か、価値観や重要だと思っていることはどんなことか、など自分の特徴も浮き彫りになります。この振り返りがこれからの様々な自己分析の大もとになります。

　思い出したエピソードの中に、自分の適性が表れていることを発見し、なぜその方向に向かうのかを分析すると、自分の考え方が明確になってきます。

　次は、ライフラインチャートをもとに自分史をまとめてみましょう。

気になるポイントを書き出しておきましょう

●自分史ノート

	学校生活（勉強・クラブ活動・友達）	日常生活（家族・住んでいる町の暮らしや人）	印象に残った出来事（楽しかったこと・辛かったこと）	自分に影響を与えたと考えられる出来事や人
幼少期・小学生時代				
中学生時代				
高校生時代				
学生時代				
社会人				

3

自己分析

③ 興味・関心を探る

　次に興味・関心のあることについて考えてみます。自分の大切な考え方や印象に残っているエピソードを思い出してみましょう。幼いころ見たテレビ番組の主人公を、なぜ好きなのか考えてみると、主人公のような人間に近づきたいと思っていた、などという自分に気づくかもしれません。

　そこには、**あなたが大切だと考える、あなた自身の価値観を見つけるヒント**が隠されています。

ココが POINT

> それはなぜ？
>
> なぜそうなのか、深く掘り下げて考えるクセをつけましょう。
> 理由を考えることで、あなたらしさがより明確になります。

質問	興味・関心のあることについて書き出し、なぜそれが好きなのか理由も考えましょう。
① あなたの好きな本・雑誌・漫画・テレビ番組	題名とその理由
② その他、興味あることについて	興味のあることとその理由

質問2	ＥＳや面接では、あなたがどのような人かを知るために次のようなことをよく聞かれます。その点について考えてみましょう。

① 最近感動したことについて／なぜ感動しましたか？

② 最近感謝したことは、または感謝されたことは？

③ 接客やサービスについてどのように考えていますか？なぜそう考えますか？

質問	あなたは周りからどのような人だと言われますか。 相手からなぜそう思われるのか、理由も聞いて書き出してみましょう。

（例）
周りをよく見て、チームの雰囲気をまとめることができる。

（理由）
ゼミで意見が集約できず雰囲気が険悪になった時も、1人1人、特に少数派の人の意見も丁寧に聞いていた。おかげで、皆で頑張ろうという雰囲気ができ、ゼミの課題が達成できた。

１人目……

２人目……

３人目……

４人目……

4　強みと弱み

① あなたの強みは何ですか

　ここまで考えてきたことから、あなたが気づいた**自分の強み**を書いてみましょう。あなたの能力や長所、得意なことを導き出してください。

ココが POINT

「強み」とは

ここでいう強みとは、仕事で生かせる能力のことですが、華やかなことや、人が驚くようなことでなければ強みにならないと思う必要はありません。
日頃から心掛けていることや工夫していること、人目につかなくても私だからこそやれる！そんな強みを持っているあなたこそ、ＣＡ・ＧＳとして活躍できる可能性があります。

質問	あなたの強み（能力、培ったこと、長所）は何ですか。
（例）私の強みは、相手の気持ちを察して行動できること。	
私の強みは……	
私の強みは……	
私の強みは……	

② あなたの弱みは何ですか

　弱みについても考えておきましょう。リーダーシップがあるという強みは逆の面から見ることで、"我が強い"といった自分の弱みに気づくことができます。**弱みをどのように改善しようとしているか**を考えましょう。

質問	あなたの弱み（短所や得意でないこと）は何ですか。また、その弱みを改善するために意識していることは？

（例）私の弱みは、思いが強すぎて、頑固な面がある点。
その弱みを改善するために、多くの人の意見やアドバイスをしっかり聞くことで、客観的な視点で物事を判断するように心掛けている。

私の弱みは……

その弱みを改善するために意識していることは……

ココが POINT

「弱みと強み」は表裏一体
　弱みに見えるところでも、そのことを理解し克服していこうという行動をとっていれば大丈夫！素直に自分の短所を認めた上で行動している人は、相手に誠実な印象を持たれます。

まとめ

あなたの特徴を、次頁の表にまとめてみましょう

　自分という人間には、どのような良いところがあり、どのような欠点があるのか。
これまで何を経験し、何を身につけ、どのような考え方や方向性を見出したのか。
少しずつあなた自身が見えてきましたね。ここまでで見えてきたことをまとめておきましょう。

5　自分の人生の振り返りまとめ

　自己分析の最初に、幼いころからの自分を振り返り、自分史ノートを書きました。また、頑張ったことや、興味のあることや強みなど、細部にわたって自身を振り返ってきました。

　これらを参考にしながら下記にまとめてみましょう。

質　問	内　容	具体的なエピソード
① 人生の中で1番印象に残っている出来事は何ですか？		
② 人生の中で1番チャレンジしたことは何ですか？		
③ 人生の中で後悔したこと、またはこうしておけば良かったと思うことは何ですか？		
④ これまで、困難にぶつかった時、どのように乗り越えましたか？		
⑤ 人生の中で大切にしてきたことは何ですか？		

6 CA・GSになったあとの未来とは

未来のあなたについて考えてみます。

航空業界での働き方は、お客様対応だけではなく、不規則な勤務や職場環境から、非常に体力や精神力が要求される仕事です。

また、コロナ禍を経て航空会社も事業拡大に向けて動く中、一職種にとらわれない柔軟な考え方や対応も必要となります。

仕事を理解し、自分の将来をしっかり見据えた上で応募してきた人は、単なる憧れではないため企業も大変魅力に感じます。

5年後10年後、どうなりたいのか自分の未来を描いてみましょう。

長期的な視点で自分の人生をイメージしておくことが大切です。

生き生きとした人生を送るためには、「とりあえず航空業界で働く」ではなく、どのような未来を送りたいかを考え、次の表に書き込んでみましょう。

CA・GSになった後の未来を想像して具体的に描いてみましょう			
	10年後	3年後	1年後
キャリアビジョン			
上記の内容を実現するために準備すべきこと（具体的に）			
当面：			
将来：			

第4章
職種研究

職種を理解する

職種を理解する

ＣＡ・ＧＳになりたい！ 憧れの制服を着て笑顔でサービスする！ しかしそれだけが仕事ではありません！
就きたい仕事の様々な面をしっかり理解して、自信を持って試験に臨みましょう。

I　ＣＡの仕事

　ＣＡの仕事は大きく二つに分けられます。**保安要員であることと接客要員**です。また、**セールス要員**としての役割も担っています。

ＣＡの仕事の流れ

- 出勤
  ▼
- 情報の収集・必要物品の用意（通達事項やフライトに必要な情報を確認）
  ▼
- フライト前の客室担当者ブリーフィング（チーフパーサーを中心に緊急時の安全に関することやサービスに関する打ち合わせ）
  ▼
- 運航乗務員とのブリーフィング（機長を中心にフライト概要や緊急時の職務確認等）
  ▼
- ［機内にて］プリフライトチェック（旅客搭乗前に安全に関するチェックとサービスに関するチェックを行う）
  ▼
- 地上係員とのブリーフィング（旅客人数、配慮が必要な旅客確認、出発時刻確認等）
  ▼
- 搭乗案内［ドア付近で旅客の出迎え］
  ▼
- ドアクローズ～離陸（離陸に向けて荷物や全体の安全確認）
  ▼
- 機内サービス（ベルト着用サイン消灯後、飲み物やミールサービス・機内販売）
  ▼
- 着陸・ドアオープン（着陸態勢に入る前にかたづけ、最終安全チェック）
  ▼
- 旅客降機完了後チェック（旅客全員降機の後、忘れ物、不審物をチェックし、その後ＣＡも降機）
  ▼
- デ・ブリーフィング（乗務終了後、フライトの状況を振り返り、旅客からの意見や要望などの報告）

❶ 保安要員として

［1］ 航空機事故を未然に防ぐ

異常音・異臭・煙など常に注意を払います。

［2］ 機内での暴力・迷惑行為に毅然とした態度で対応する

　ＣＡは入社後約２カ月間の訓練を受けます。机上での勉強と非常に厳しい実技訓練です。人の命を預かっているからにほかなりませんが、訓練を通して、**お客様に安心感を与えることや、大きな声を出してお客様を誘導することなど、どんな状況でも焦らず冷静に対処できる**ようになっていきます。

［3］ 機内でファーストエイド（応急処置）の役目も担う

　ＡＥＤ（自動体外式除細動器）はいつでも使用できるように訓練を受けています。機内で突然気を失って倒れる旅客がいた場合なども、**ファーストエイドの訓練にしたがって処置を行います**。また、状況に応じて、医療関係者が乗客にいるかどうかのアナウンスをかけます。

❷ 接客要員として

［1］ 接客業務の基本─徹底した第一印象の良さ

接客要員としてのＣＡには、次のような要素が必要とされます。
- 清潔感（髪型、化粧、靴、姿勢、歩き方・座り方を含めた所作）、明るい表情、制服の着こなし
- 言葉遣い、声の通りの良さ、ハキハキと明るい会話、早口にならない

［2］ おもてなしの心で接する─日本文化の伝達者

　ＣＡは機内でお客様に**おもてなしの心を大切に行動**しています。
　そのために常にお客様の状態がどのようであるか、五感を働かせて観察しています。例えばお薬を服用される方にはそっと白湯をと、心配りを欠かさないおもてなしで、リピーター確保につなげています。

［３］ＣＡはセールス要員としての役割も

機内販売

国内線・国際線共に機内販売が実施されており、クレジットカードや電子マネーなど、キャッシュレス決済の取り扱いがある航空会社もあります。
離着陸前に物品の在庫確認や売上確認を行います。

顧客獲得に向けての役割

ＣＡのきめ細やかな対応、態度や表情を見ただけで**相手の状況を察する観察力を発揮することで顧客獲得の役割を果たしています**。また旅客の要望の声などから、次のサービスにつなげていく役割も担っています。各航空会社が厳しい競争にさらされる中、フルサービスキャリア（ＦＳＣ）であるＡＮＡ・ＪＡＬは**顧客獲得のため、最前線のＣＡの接客レベル向上**に力を入れています。

まとめ

顧客獲得ができる人財として、次のような要素が必要とされます

- 旅客との会話が楽しめるように、自ら向上心を持って知識や情報を蓄えようとする。
- ニュースにくまなく目を通すなどして、世の中の動きや企業情報にも詳しい。
- 自らサービスに工夫ができる。
- 旅客１人１人を観察し、個々に応じたサービスや会話ができる。
- ただ単にＣＡをサービス要員と捉えるのではなく、会社や旅客のために何ができるかを考え、常に先見性を持って行動する。
- こうすれば先がどうなるといった想像力、危機管理意識を常に持ちながら物事を見る。

［３］新型コロナによって生まれた新たな配置

新型コロナによって便数が激減して以降、2021 年度には様々な企業・団体に１年間の出向をしたＣＡがいます。ＪＡＬでは約 3,000 人（2022 年 7 月 19 日付け日本経済新聞より）、ＡＮＡで 1,600 人（2022 年 2 月号文藝春秋より）が出向しました。出向先は様々ですが、この経験値によりＪＡＬやＡＮＡの人財として活躍できたことで、コロナが収束しても今後も出向を継続していくこともあるでしょう。また他部署への配属もあるかもしれません。

つまり100％ＣＡの仕事をするかどうか分からない時代へ突入したと考え、**物事をより柔軟に捉えてプラス思考で行動できることも、これからのＣＡには求められています**。

質問	ＣＡの仕事について、調べて書き出してみましょう。

① 保安要員として、どのようなことをするのでしょう。

② 接客要員として、どのようなことをするのでしょう。

③ ＣＡの仕事の大変さはどのようなものだと思いますか。

④ ＣＡの仕事の面白さはどんなところだと思いますか。

⑤ 接客業務の基本のうち、あなたが一番得意とする要素は何ですか。自分の特徴を
しっかり把握して具体的に書いてみましょう。

⑥ あなたなら、どのように顧客獲得していきますか。

⑦ 他部署や他企業への仕事を勧められてもやっていけますか。その根拠は？

考えるヒント

① P65「保安要員として」参照
② P65～66「接客要員として」参照
③ 1.保安要員として旅客の命を預かっている
　2.イレギュラー対応（急病人への対応など）
　3.空を飛ぶことからの健康管理、腰痛から自分を守ること
　4.時差、時間の早い出勤、また海外での泊りや行動などの自己管理
　5.ストレスの多い職場とも言えるため、ON と OFF をきっちり分けて余暇を楽しむようにすること
④ 1.旅客の快適性（温度、清潔さ、明るさ等）を維持するための工夫
　2.旅客にホスピタリティを発揮することで自ら仕事を楽しめる
　3.海外での買い物や観光、その土地の食事を楽しむ
　4.知識をつけたり資格取得したりして旅客との会話に生かす
⑤ 今まで経験したことのない仕事を自ら進んで担当することで、自身の能力領域を広げる
　→そこで得た成長をＣＡ職や会社の新しい分野への拡大につなげる
⑥ 心地よい空間を提供するためには、機内での乗客を細やかに観察し状態を想像する
⑦ どのような環境であってもそれを前向きに捉えられる「自律」が求められている

2　GSの仕事

GSの仕事は、多岐にわたっています。チェックイン業務から到着業務の中で、パソコン操作や無線機、タブレットを使って仲間と連絡を取り合い、フライト前は分刻みの行動をしています。

GSの仕事の流れ

[1] 出発業務

▼出勤

▼フライトの準備（翌日・当日）

フライトの機材、予約数の確認、特別サービス対象旅客の確認、担当者・関係部署・到着地への引き継ぎ情報の作成、座席の調整、ミールオーダー（国際線）、フライトの設定（注1）、団体の確認と座席指定、事前チェックインなど。

（注1）航空会社によって部署・名称が違う場合があります。

▼チェックイン・案内業務

国際線の場合は出入国に関わる書類（パスポート・ビザなど）の確認。搭乗者の様々な情報入力。(万が一書類に不備があると旅客の入国不可につながることがある。その場合は、旅客の強制送還と同時に、その国へ航空会社が罰金を支払わなければならない)

▼手荷物の受託

預託荷物の種々の確認後、行先空港のタグづけ、無料手荷物許容量超過やペットなどの料金を徴収、最終目的地までのスルーチェックインの可否確認など。

▼出発ゲート準備

ゲート担当者は端末操作、案内板の設置、各便の情報収集と担当者間の共有、ＣＡとのブリーフィング、ゲート付近の見回り、旅客からの問い合わせ対応、ウェイティング旅客の対応、アナウンス、ドア操作（自ら行う場合あり）

▼出発コントロール業務（オペレーション）

その日の予約状況や特別サービス対象旅客等の情報の把握・調整を行い、チェックインがスムーズに行われるよう管理。

[2] 到着業務

▼到着業務

当日すべての到着便の時間、旅客数、乗り継ぎ旅客状況、特別サービスの対象旅客含む役割確認

▼到着コントロール業務

到着時間ゲートの確認、遅延などのイレギュラー便の確認とそれに伴う乗り継ぎ情報の確認、旅客情報の引き継ぎなど

▼手荷物の返却

手荷物事故の発生対応など

質問	ＧＳの仕事について、調べて書き出してみましょう。

① ＧＳの仕事に必要な要素は何でしょうか。

② ＧＳの仕事の魅力はどんなところだと思いますか。

③ ＧＳの仕事の大変さはどのようなものだと思いますか。

④ あなたはどのようなＧＳになりたいですか。自分の特長から生かしたい自分を
具体的に書いてみましょう。

考えるヒント

① 事務処理能力・時間管理・臨機応変さ・チームワーク
② 仲間と連携して、1便を安全に無事送り出した時の達成感
③ 台風・地震などの影響でフライトキャンセル時に旅客からクレームを受けることが多い。また、
シフト勤務で早期出勤や夜遅くなることもある
④ ＧＳは様々な業務があるため、顧客の最大満足を引き出すために、どのようなところで、自分の
強みを1番発揮できるか考えておく

3　CAとGSの仕事の違いを明確にする

　職種内容をまとめ、自分らしさを最大限生かしながら働いている自分が想像できたら大丈夫。試験に向けて進むのみです。下記の項目を埋めてみましょう。

項目	ＣＡ	ＧＳ
最大使命		
接　客		
保安・安全		
求められる要素		
第一志望職種の一番魅力に感じるところ		

ココが POINT

ＣＡとＧＳ。求める人財の違いを理解しよう

　ＣＡとＧＳの両職種を受ける人も多いのですが、両職種の求める人財は少し異なります。例えば、ＧＳにおいてＣＡと同じように考え接客ばかりをアピールするのは不十分です。もちろん大切な要素ですが、ＧＳの仕事は多岐にわたっており様々な要素が求められます。中でも事務処理能力が求められ、ほかに時間管理や機敏さも必要です。両者の違いを明確に理解しておきましょう。

あなたの目指す航空会社の色は何色？

　ＣＡを目指すあなたは、どの航空会社に入りたいのでしょう？

　2019年まで、ＡＮＡやＪＡＬではほぼ毎年500～600名のＣＡを採用していましたが、新型コロナによって丸2年採用が中止となり、2022年にようやくＪＡＬのＣＡ採用が再開されたもののその数は100名にとどまり、ＡＮＡのＣＡ採用は見送られました。

　一方で、コロナ禍にあっても国内線の需要はあり、ソラシドエアやＡＩＲＤＯ、アイベックスエアラインズは採用を継続していました。入社前、内定者たちの嬉しそうな笑顔は飛べる幸せに満ちていました。

　2022年に採用開始した航空会社は多く、ジェイエアやローカル航空会社は概ね採用を行い、外資系航空会社においても、エミレーツ航空、エティハド航空、カタール航空、そしてシンガポール航空、また、ＬＣＣも採用を活発に行い、今後さらに採用数は回復してくることでしょう。その人その人の持ち味（個性）は、性格、興味、強み、価値観など様々あるように、航空会社にもそれぞれの持ち味があります。その中には、あなたにぴったり合う会社があります。

　以前、テレビドラマの中で、ＣＡＧＳ就活シリーズの2018年版を主人公が手にして学習するというシーンを見たという教え子から、近況報告のメールがありました。彼女は国内線の航空会社で飛んで10年になるそうです。「とても楽しい」という言葉が印象的でした。

　「機内で目の前のお客様に何をして差し上げられるのかを考え、行動したいと思える」そんなあなたは、「ＣＡになって楽しい」と心から思えるでしょう。

第5章
企業研究

Section 06

会社を理解して志望動機を書く

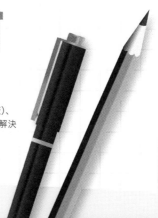

＜企業研究参考資料例＞
各社公式ホームページ、時刻表、アニュアルレポート
書籍：『ＪＡＬ再生』（日本経済出版社）、『生き方』（サンマーク出版）、
『ＡＮＡが目指すＣＳ』（生産性出版）、『どんな問題も「チーム」で解決
するＡＮＡの口癖』（ＡＮＡビジネスソリューション）
『エアラインマネジメント』（日本航空株式会社）等

会社を理解して志望動機を書く

大手航空会社は、2020年初頭から新型コロナウイルス感染症の
パンデミックを経験し、いまだ完全には終息しないコロナ禍との
共生時代をどのように歩もうとしているのでしょうか。
繰り返し苦難と成長を経験してきた航空業界の歴史から、未来
への道筋を見ていきましょう。

I　ANA／JALに合格する戦略を立てる

① 日本の航空の歴史を知らずして航空業界を語ることはできない

　日本の空に初めて飛行機が飛んだのはいつか知っていますか？大好きな航空
会社がいつごろ作られたのか、受験する前に必ずチェックすべき事柄です。
　まずは日本の航空業界の歴史について記載します。ただ漫然と見るのではな
く、航空会社の今に至るまでの出来事を理解しながら見ていきましょう。

【航空業界の歴史】

年代	航空全般	ANA	JAL
第1次大戦後 1928年	● 郵便輸送を目的とする民間航空会社誕生 ● 日本航空輸送が、東京・大阪・福岡線の定期旅客便や、朝鮮半島、旧満州行きの国際線開設		
1930年代～ 第2次世界大戦	● 飛行機はすべて日本政府の管理下。民間航空の活動は休止		
1945年 第2次世界大戦 終結	● 日本は連合国のGHQの占領下。1951年まで一切の航空活動禁止。この間に、ノースウエスト航空、パン・アメリカン航空、フィリピン航空、英国航空などが日本に乗り入れ		
1951年			● 日本航空株式会社（旧会社）設立（機材・乗員はノースウエスト航空からリース、東京～大阪￥6,000　当時大卒初任給が1万円弱）

（次頁に続く）

年代	航空全般	ANA	JAL
1952年 〜自由競争の 幕開け	● サンフランシスコ講和条約発効→日本の航空主権回復 ● 羽田空港が「東京国際空港」として返還される ● 東亜航空設立	● 日本ヘリコプター輸送株式会社 設立 航空会社乱立で大半の航空会社は赤字経営（JALは国策で安定）	● 日本航空が自主運航による国内線航空輸送事業開始
1953年		● ヘリコプターを使って営業開始 ● 東京・大阪間の貨物輸送をはじめとして営業路線拡大	● 日本航空株式会社法施行→JALは資本金20億円の半分を国が出資する特殊法人でナショナルフラッグキャリアとなる
1954年			● 国際線開設（初フライト：羽田〜ホノルル〜サンフランシスコ）
1957年		● 極東航空株式会社の合併→社名を全日本空輸株式会社（ANA）と変更	
1960年			● 初の共同運航エールフランス（東京〜パリ）
1967年	※45/47体制 日本政府が国内航空会社の事業範囲について定めた産業保護政策の通称		● 南西航空（SWAL）（現日本トランスオーシャン航空／JTA）設立
1970年	● 45/47体制※ 日本国内航空と東亜航空が合併→東亜国内航空 設立 日本の航空業界は3社に絞られる		● B-747（ジャンボ）日本に就航（JAL・太平洋路線）
1971年		● 国際線チャーター便運行開始（東京-香港） ● 全日空機雫石衝突事故	
1972年	● 事業分野の住み分け（45/47体制）→日本航空：国際線と国内幹線／全日本空輸：国内幹線、ローカル線および近距離国際チャーター便／東亜国内航空：国内ローカル線と一部の国内幹線	● 東京・大阪証券取引所市場二部から一部に上場	
1975年			● 日中国交正常化に伴い、日本アジア航空株式会社設立（台湾線）
1978年	● 成田空港 開港	● 海運4社と共に日本貨物航空設立 ● B-747導入	
1983年	● 日米航空交渉により、複数の日本企業の米国本土乗り入れが可能に　日本航空界の転機		● 国際航空運送協会（IATA）統計で、旅客・貨物輸送世界一に ● 日本エアコミューター（JAC）設立

（次頁に続く）

5

企業研究

年代	航空全般	ANA	JAL
1985年	● 45/47体制終焉		● 123便御巣鷹山事故
1986年	1978年アメリカで始まった規制緩和政策が日本に波及	● 東京・グアム線　国際線定期便を運航開始	● 国内ローカル線　開設
1987年			● 完全民営化
1988年	● 東亜国内航空株式会社が日本エアシステム(JAS)に社名変更		
1989年		● スカンジナビア航空(東京〜ストックホルム)と初の共同運航	
1993年		● ANA・JALがマイレージサービス開始	
1994年	● 関西国際空港　開港 ● 契約制CA 導入		
1996年	● スカイマークエアラインズ(現スカイマーク)設立、北海道国際航空(現AIRDO)設立		● ジェイエア(J−AIR)設立
1997年	● スカイネットアジア航空　設立(現ソラシドエア)		
1998年	● 日米航空交渉合意→日米間の路線や便数拡大、共同運航が実現(航空自由化加速) 保護から自由化へ		
1999年		● スターアライアンスに加盟	
2000年	● 価格(航空運賃) 規制撤廃		
2001年	● 米国同時多発テロ		
2002年	● 神戸航空株式会社(現スターフライヤー)設立		● 日本航空エアシステムの設立 →日本エアシステム(JAS 前 東亜国内航空)とJALの経営統合のため
2004年			● 合併に伴い、日本航空インターナショナル、日本航空ジャパンを設立 ● 持ち株会社日本航空システムは、株式会社日本航空に社名変更
2007年	● ジェットスター /LCC日本乗り入れ第1号		● ワンワールドに加盟

(次頁に続く)

年代	航空全般	ＡＮＡ	ＪＡＬ
2010年	● 羽田空港国際線再開 ● オープンスカイ協定を米国と締結（日米間完全就航）※ ※**オープンスカイ協定** オープンスカイとは、企業数、路線及び便数に係る制限を、2国間で相互に撤廃すること	● エアニッポンネットワーク・エアネクスト・エアセントラル3社合併してＡＮＡウイングス設立	● 会社更生法の申請
2011年	● エアアジアジャパン（現バニラエア）設立	● B787導入 ● ピーチアビエーション設立（主株主：現ＡＮＡホールディングス）	● ジェットスタージャパン設立（筆頭株主ＪＡＬ）
2012年	● "LCC元年" ● クールジャパン戦略でインバウンド旅客の拡大	● エアーニッポンを吸収合併 ● シアトル・ヤンゴンの新路線開設	● 東京証券取引場第一部に再上場 ● 通称「8.10ペーパー」※を発表 ● ブリティッシュエアウェイズとの共同事業開始 ※**8.10ペーパー** 国土交通省は、ＪＡＬの新規投資や路線開設を制限する指針『日本航空の企業再生について』を発表。8月10日に出されたため通称「8.10ペーパー」と呼ばれる
2013年	● 日本、オープンスカイ協定を26カ国と締結	● 持ち株会社制を導入しＡＮＡホールディングスとしてスタート ● ＣＡ正社員化　サンノゼ就航	
2014年	● B-747日本の航空会社から全て退役 （除く日本貨物航空）	● B777-9X 20機発注 ● バンクーバー・デュッセルドルフ就航	● フィンエアーとの共同事業開始
2016年	● スカイマーク経営破綻→ＡＮＡが支援へ ● 「バリューアライアンス」※設立 ※**バリューアライアンス** アジア太平洋地域のLCC8社による航空連合サービス	● 国際線旅客数において初めてＪＡＬを上回る ● ＡＮＡ、ＰＤエアロスペース、Ｈ.Ｉ.Ｓは宇宙機開発で合意し資本提携。宇宙輸送の事業化を進める ● プノンペン・武漢線就航	● イベリア航空との共同事業開始
2017年		● ＡＮＡＨＤ 2017年度第二四半期の連結業績が過去最高	● 「8.10ペーパー」終了 ● 旅客基幹システムを全面的に刷新 ● オープンブーム・テクノロジー社（超音速旅客機）と提携

（次頁に続く）

5

企業研究

年代	航空全般	ANA	JAL
2018年	● 国土交通省航空局は羽田とニューヨーク・ロサンジェルス・サンフランシスコ・ホノルル間を2020年までに1日50便の発着枠拡大へ		
2019年	● 2020年3月に実施される羽田空港の国際線発着枠配分について、国土交通省が全日本空輸へ13.5枠（便）、日本航空へ11.5枠を割り当てる方向で最終調整（2013年以来3度目）	● 成田-ホノルル間でエアバスA380（3機）を使用したFLYING HONUが就航 ● ヴァージン・オービット（人工衛星打ち上げ）との、パートナーシップ/スペースポートジャパンとも提携（ANAホールディングス）	● エアバスA350、羽田-福岡線運行開始 ● Ispace（月面探査）とコーポレートパートナー契約を締結（月面探査への挑戦をサポートすると共に、「宇宙」事業の創出） ● TBLから株式会社ZIPAIR Tokyoに社名変更
2020年	● 新型コロナウイルス感染症（COVID-19）感染拡大 ● 1月 WHOが新型コロナの緊急事態宣言を表明	● 航空旅客数は、過去の9.11やリーマンショック、東日本大震災による落ち込みを上回り、ANA、JAL共に巨額の赤字 COVID-19によるパンデミックは世界中の航空会社に打撃を与えた	
2021年	● 国内航空需要は低調。業績回復で欧米に遅れる ※SAF 「Sustainable Aviation Fuel」「持続可能な航空燃料」。二酸化炭素の排出量を大幅に削減できる次世代の航空燃料	● グループ外出向の拡大等、事業構造の改革が進む ● 国際航空貨物は売上増加	● 春秋航空日本（現スプリング・ジャパン）を連結子会社化
2022年	● オールジャパンで、持続可能な航空燃料SAF※の普及をめざす「ACT FOR SKY」の設立 脱炭素社会を目指す ● ロシアのウクライナへの軍事侵攻の影響で、欠航や迂回ルートをとる ● 10月 日本政府のコロナでの水際対策緩和により、1日当たり入国者数の上限撤廃	● 一部の便をANAからピーチに移管 ● 4～6月期決算では、ANAホールディングスは3年ぶりに黒字転換 ● エアバスA380の成田－ホノルル、2年4カ月ぶりに再開 ● 自動チェックイン機を、スマートフォンの専用アプリでの手続きに移行	● 羽田-韓国金浦空港、2年3カ月ぶりに再開 ● KDDIとドローンのインフラ化で協業 ● 4～9月の連結決算が、3年ぶりの黒字
2023年	● 世界の航空旅客需要、コロナ前の96%（43億5千万人）コロナ禍以前の水準にほぼ戻る見通しをIATAが発表 ● 続く出来事を書いていきましょう	● 日本国内で混合された持続可能な航空燃料SAFを初めて調達 ● 国際線新ブランドAirJapan立ち上げ	● 航空会社として初めて、中部国際空港でSAFを搭載 ● 国際線新フラッグシップ エアバスA350-1000導入

② 航空業界の歴史が教えるもの

日本の航空業界の歴史は、ＡＮＡやＪＡＬの歴史そのものでもあります。
与えられた両航空会社の運命が、それぞれの気質を作ってきました。

ＡＮＡ史　勉強のポイント	ＪＡＬ史　勉強のポイント
● 民間航空会社として現在まで運航 ● 1985年まで定期便は国内線のみ ● 2013年ANAホールディングス持ち株会社発足 ● 2016年、国際線旅客数において初めてＪＡＬを上回る ● 2022年創業70周年	● 設立当初〜1987年まで、半官半民の航空会社 ● 1985年　御巣鷹山事故 ● 2010年更生法申請⇒日本航空株式会社 ● 新生ＪＡＬへ ● 2021年創業70周年

5

企業研究

　上記内容を中心に会社の歴史を見ていけば、それぞれの会社の特徴が
つかめます。関連本なども早いうちに読んでおくと、企業研究がしっかり
できるでしょう。

世界のエアライン 様々なランキング受賞（2023年発表分）

●スカイトラックス社　Skytrax World Airline Awards 2023

1位　シンガポール航空	2位　カタール航空	3位　全日本空輸（ANA）
4位　エミレーツ航空	5位　日本航空（JAL）	6位　ターキッシュ・エアラインズ

●エアライン・レイティングス社 2023年の世界の最も安全な航空会社ランキング

1位　カンタス航空	2位　ニュージーランド航空	3位　エティハド航空
4位　カタール航空	5位　シンガポール航空	6位　TAPポルトガル航空

●エアライン・パッセンジャー・エクスペリエンス・アソシエーション（APEX）

【WORLD CLASS 認定2023】

　・日本航空（JAL）　・エミレーツ航空　・ＫＬＭオランダ航空　・カタール航空
　・サウディア　・シンガポール航空　・トルコ航空　・廈門航空

③ 入りたい航空会社の概要を調べる

航空業界の歴史を見てきたら、次は２大企業を筆頭に第１志望の航空会社を調べていきます。まず初めにすることは概要調べです。

質問	各社のホームページや参考資料を見て、空欄を埋めていきましょう。	
	ＡＮＡ	ＪＡＬ
設立年月日		
日本語正式名		
英語名		
3レター／2レター ※		
社長名		
資本金		
営業利益		
最近の受賞歴		
従業員数		
ＣＡ数		
保有機材		
就航地 国内線		
就航地 国際線		

▶ＧＳ数は希望する航空会社ごとに調べてみましょう。

④ ＡＮＡ／ＪＡＬの経営（企業）理念や社員の行動指針を理解する

「あなたは、なぜうちの会社に入りたいの？」

どの会社も一番知りたいのは「志望動機」と「あなたはどんな人？」です。

❸では各社の概要を調べましたが、次に具体的にＡＮＡやＪＡＬがどのような会社なのかを調べていきます。**企業研究の方法は、自己分析と同様、「問い」から深めていきます。**

「なぜこの言葉を理念にしているんだろう？」「どのように活動しているのかな？」など、**会社の理念や活動について「問い」を立て、その答えを見つけるために調べ、そして理解していきます。**

ココが POINT

企業研究は、自己分析と同様、「問い」から深めていく
企業を理解するのも、「なぜ？」「どのように？」が大切！

気になるポイントを書き出しておきましょう

※航空会社のコード

・**3レター**：国際民間航空機関（ICAO）によって定められたアルファベット3文字で表す航空会社コードの通称

・**2レター**：国際航空運送協会（IATA）によって定められた航空会社コード。アルファベットの組み合わせの2文字で表す略号で識別コードのことをいう。航空会社１つ１つに付けられるコードの通称

5

企業研究

⑤ ANAの研究

　ＡＮＡ公式サイトや参考資料、日本の航空業界の歴史（P74～79）を見て調べていきます。例えば次のような「問い」を立てて答えを見つけていきます。

[1] 経営理念について調べる

	[経営理念] 安心と信頼を基礎に、世界をつなぐ心の翼で夢にあふれる未来に貢献します
問い	**ＡＮＡの経営理念はどのような考えや思いから作られたのだろう？**
答え	
問い	**その理念はどのように実行されているのかな？**
答え	

[2] 行動指針について調べる

	[行動指針] ANA's Way	
問い	チームスピリットとあるが、どういうところからチーム力を大事にしているのが分かるかな？	
答え		
問い	なぜ努力と挑戦を大事にしているのだろう？	
答え		
問い	どの部分が自分の価値観と合うかな？	
答え		

❻ JALの研究

　ＪＡＬ公式サイトや参考資料、日本の航空業界の歴史（P74〜79）を見て調べていきます。例えば次のような「問い」を立てて答えを見つけていきます。

[１] 企業理念について調べる

【企業理念】
ＪＡＬグループは、全社員の物心両面の幸福を追求し、
一、お客さまに最高のサービスを提供します。
一、企業価値を高め、社会の進歩発展に貢献します。

問い	社員の物心両面の幸福を追求し……なぜこの言葉が最初に来るのだろう？
答え	

問い	その理念はどのように実行されているのかな？
答え	

問い	ＪＡＬの言う最高のサービスとは何だろう？
答え	

問い	社会の進歩発展にどのように貢献しているのだろう？
答え	

5

企業研究

[2] 行動指針について調べる

【行動指針】
ＪＡＬフィロソフィ

問い	なぜフィロソフィが必要なのだろう？
答え	

問い	ＪＡＬフィロソフィの中で、私の考えと合うのはどの言葉だろう？
答え	

⑦ 企業を比較する

それぞれの**企業の強みと弱みを比較**しながら調べていきます。

	ANA	JAL
強み		
弱み		

8 航空会社の描く未来を考える

それぞれの会社が、**未来をどのように描いているのか**を考えます。

	ANA	JAL
問い	今後、何に、どのように力を入れていきたいと考えているんだろう？	
答え		

9 あなたと会社の接点について考える

それぞれの会社の理念や指針などから、**あなたとの接点について**、考えてみます。

	ANA	JAL
問い	あなたと会社、価値観などの共通点は何かな？	
答え		

2 「志望動機」を書く

職種や業界、会社を理解した上で、「志望動機」を書いていきます。就職活動で、「志望動機」は「自己PR」と共に重要な質問項目です。

では、何をどのように書けばよいのでしょうか。一つずつ整理しながら、まとめていきましょう。

---

① どこよりもこの航空会社が良いのはなぜ？

② この仕事を目指すきっかけは何？

次に、ＣＡ・ＧＳとなって何がしたいのかを考えます。

どのようなテーマ（仕事を通して表現したいこと）を持って、その仕事に取り組んでいきたいのかを考えていきます。

---

③ テーマ（仕事を通して表現したいこと・ものについて）

④ その理由・根拠（具体的なエピソードや体験、培ったこと、強みなどから書く）

⑤ 仕事を通じて、会社に、人にどう貢献していきたいのか。

では、この項目の集大成として、①〜⑤をベースに志望動機としてまとめて
いきましょう。

【志望動機の書き方】

２つのポイントを入れて 300 から 400 字でまとめます

ポイント1　なぜ、その会社が良いのか（魅力は何？）
ポイント2　その会社で、自分のどのようなところを生かして、どのようなＣＡ・
　　　　　　　ＧＳになりたいか

質問	志望動機を書いてみましょう。(300 〜 400 字で)

　　　　　　　　　　　　　　　　　　　　　　　ココが POINT

　どんどんブラッシュアップしていこう
何度も書いて、文を練り、先輩や友人に読んでもらい、内容を充実
させていきましょう。

質問	志望動機をまとめてみましょう。(300〜400字で)

第 6 章
１次試験突破のカギ

07 エントリーシート（ES）の書き方

１次試験を突破し、面接に進むためにES選考は重要です。
まずは、その対策を立て取り組むことがカギとなります
具体例を挙げながら詳しく解説していきます。

Ⅰ　エントリーシート（ES）の書き方

❶　ESの重要な部分

ＥＳは各航空会社指定のフォーマットに沿って作成し提出します。
たった１枚のＥＳで、次の面接に進めるかどうかが決まる重要なシートです。

[1] ＡＮＡは１次選考に動画、 ＪＡＬは従来通りＥＳに証明写真

ＡＮＡは１次選考に動画（１分間）を提出します。最近は他社も動画を採用するところが増えてきました。**これは事実上の１次面接試験。画面に映し出される人物の第一印象は重要**です。しっかり対策を立てて撮影しましょう！

ＪＡＬは従来通りで、2023年はＥＳに証明写真を貼付。従って**ＥＳでは文章内容が改めて重要**だと言えます。

[2] 英語力：ＥＳの段階で高得点を記入できるように早めから準備

英語力については、TOEICの点数が低く各社募集要項の点数ギリギリでも、その数字だけで落とされることはありません。しかし、そのまま内定まで進むことは非常に難しいと言えます。募集要項に600点以上とあっても、それはあくまで最低点です（募集要項に記載していない場合もあります）。**自信を持って試験に臨むためには、更に700点、800点を目指していきましょう。**

後の２次試験で点数の証明書を提出することが多く、**ＥＳの段階で書けたら一番良い**のです。

また、英語以外の語学資格については、アフターコロナで再び近隣のアジア諸国から多くの人たちが観光に訪れています。

特に2025年に行われる「大阪・関西万博」に向けて、**中国語や韓国語など少しの会話ができるだけでも面接官には好印象を持たれる**でしょう。

[3]「自己PR」「学生時代頑張ったこと」「志望動機」は就活の根幹

　ESで重要な**「自己PR」「学生時代に頑張ったこと（既卒者は今の仕事から得たことなど）」「志望動機」は就職活動の根幹ともいえる質問項目**です。

　（ESの記入項目はその年によって変更する可能性があります）

　これら3点を問うことで、**あなたが企業にとって利益をもたらしてくれる人かどうかを判断**していきます。単なるテクニックでは太刀打ちできません。

　第3章で自分に問いながら自己分析をまとめたように、ESの質問項目に考えをまとめて記入していきましょう。

② 自己PRを書く～学生時代に頑張ったことを例に

　自己PRにもなる、「学生時代に頑張ったこと」について、例を参考に作成してみましょう。その際には、第3章自己分析で行った**「自分の人生の振り返りまとめ」**（P61）を活用できます。

　過去のJALのCA職のESでは、**【「なぜ、力を注いだのか（理由）」「何を目指し、どのように挑戦したのか（目標・行動）」「何を実現したのか、そこから何を得たのか（結果）」】**の順で記入してくださいと出題されました。

　この出題例を参考にまとめてみましょう。

書き方のまとめ

5段階で具体的に書く

①結論　……………　何を一番頑張ったか
②理由 or 状況 ……　状況からその時の課題や問題、目標を説明
③行動　……………　②からどのように考え行動したか
④結果　……………　結果はどのようになったか
⑤学び　……………　その経験からどのように成長したか、何を得たか

ココが POINT

【学生時代頑張ったこと】では、その経験をすることによって、あなたがどのように変化し、成長を遂げたかという点を伝えることがポイント

どんなときにどのように頑張り、達成感を覚えることができたのか、問題が起きたときどう対処したのか、得たことや学んだことなど実体験を整理して記入してみましょう。

【学生時代に頑張ったこと】

下記に例を挙げてみました。
書き方のポイントを参考にして書いてみましょう。(300〜400字)

　私はアルバイトで種類豊富なコーヒーの魅力を伝えるために仲間と共に行動をおこしました。

　入り際に大半のお客様は香り立つコーヒー棚に目を向けながらもブレンドを頼まれることから、他の種類の良さを伝える工夫が必要だと気づきました。そこで「コーヒーをもっと身近に」をテーマに、コーヒー紹介の額作りを店長の承諾を得て始めました。空き時間を見つけては仲間と話し合い、会えない仲間にはノートに進捗状況を書いて協力を依頼しました。しかし各コーヒーの味やコクの表現を豊富にするためにスタッフ5人が試飲するのに予想以上に時間を要し、また最低の値段で物品を揃える事等、途中何度も挫折しそうになりました。2か月後、漸く完成したその額を見て、「コーヒー美味しそうだね」と様々なコーヒーを注文して下さる常連客が増え売り上げも徐々にアップしました。

　仲間との協働から工夫や行動が生まれ、より良い物の実現が可能だと実感しました。

(400文字)

ポイント（冒頭）

冒頭は、一番知ってもらいたい・伝えたいこと（結論）で書き出す

ポイント（本論）

課題・問題に対してどのように取り組んだかを具体的に書く

ポイント（まとめ）

まとめは、冒頭で書いた結論と同じ内容になるように

ココがPOINT

題材に悩む人は……
もう一度自己分析を見直して、これまでに頑張ったことを思い出してみましょう。

質問	学生時代に頑張ったことについて書いてみましょう。

左頁の例とポイントを参考に書いてみましょう。

6

1次試験突破のカギ

まとめ

5W2Hを使う

「When（いつ）・Where（どこで）・Who（誰が）・What（何を）・How many/How much/How long（どのくらい）・Why（それはなぜ）」を使って具体的に書き起こしていきましょう。

主語は「私」

「私」がその中で、何を考え、どう行動をしていたかという点を意識しましょう。
採用担当者が聞きたいのは、あなた自身のことです。

③ ＥＳの内容は面接で深掘りされる

面接では、ＥＳに記載した内容をもとに、繰り返し深掘りされます。

例えば、P96 のＥＳ**「学生時代に頑張ったこと」**から、次のような会話が何度も続くことがあります。

Q：仲間の協力は人によって温度差があると思いますが、どのように接することで協力してもらえましたか？

(例)：働く時間帯が一緒の時に、できるだけ丁寧に説明し心からお願いしたい気持ちを大事に接しました。真心が通じたのか、皆さん時間がかかりましたが全員自分ができることで協力してくれました。

Q：この経験から得た経験を弊社でどのように生かしたいですか？

(例)：周りを巻き込んでチームで取り組んでいくために、まず自身が熱意を持って行動することを大切にしたいと考えます。例えばお客様のようすや自身の経験から課題を発見し、それを周りを巻き込んで解決に導きたいと思います。

④ ＥＳに自ら深掘りの質問を想定し、答えを考える

ＥＳ「学生時代に頑張ったこと」から、以下のような深掘りの質問を立ててみました。その答えを考えることで、一度書いたＥＳ内容の過不足も見えてきます。**Q＆Aを想定し内容をブラッシュアップしていきましょう。**

「アルバイトにおいてチームワークを培った」から
- チームワークで物事を達成したことはありますか
- チームの中に一人だけモチベーションの低い人がいたらどうしますか
- 当社のＣＡ・ＧＳとしてそれをどう生かせますか

「ボランティアで皆と団結して頑張った」から
- 様々な国の出身者をまとめる時に大切にしたことは
- チームのモチベーションを上げるために何をしましたか

「志望動機」から

● コロナ禍を経験したのになぜ航空業界志望ですか
● 当社のＣＡ・ＧＳにどんなイメージを持っていますか
● なぜ、ＣＡではなく、ＧＳ志望なのですか
● 当社の説明会で感じたことは
● ○○社と○○社の違いは

「ＣＡとなって社会貢献したい」から

● どのように社会貢献したいですか
● 当社でなくても、その貢献はできるのではないですか

「趣味・映画」から

● どんな映画を主に観ますか？その映画の魅力を話してください
● 映画から学ぶことはありますか

「特技・人の顔を覚えること」から

● どれくらいの時間で覚えますか。どのように、特徴を覚えていくのですか

⑤ 提出後は面接準備。面接官の視点でＥＳの深掘りを

面接試験の際、ＥＳをもとに多くの質問が出されます。

　提出したらそれで終わりではなく、面接官の視点で内容を見直し、記述内容に対し、何をどのように聞きたくなるのか、相手から質問が出そうな点を書き出してまとめておきましょう。

　面接での基本は、**どんな内容についても明るく話す**ことが大切です。
　そのためには、一見「苦労と思われる内容」であっても、明るく話せる内容か、そこまで吟味してＥＳに書くのも良いでしょう。
　そうすることで会話力も身につきます。

2 ANA／JAL最新ES設問と記入ポイント

① ANA新卒採用ES設問と記入ポイント 2023年(抜粋)

■**趣味・特技について**（100文字以下）

> わずか100文字でも、会ってみたくなるような書き方を工夫しましょう。
> そのためには、自己分析でどんな小さなことでも、好きでやっていることや大事にしていることをたくさん掘り出しておきましょう。

■**あなたの持つ個性や強みは何ですか？それはどのようにＡＮＡの客室乗務職に活かせますか？ また、強みや個性が分かる写真をアップロードし、その写真を選んだ理由も一緒に教えてください。**（400文字以下。写真の提出はマイページ内より）

> あなたの強みや自分らしさをしっかり理解しておくことが大切です。小さいころから今に至るまでを振り返り、友達との関係において、中学・高校・大学までのクラブ活動で、アルバイトで、どういうことを大事に行動している自分がいるかを見つけ出しましょう。
> ※提出する写真で困らないように、強みを書くときのために、こまめに写真を撮っておきましょう

■**これからの時代に求められるＡＮＡの客室乗務職とは何だと思いますか？**
自由に表現してください。（200文字以下）

> これからの時代とはどんな時代だと考えるか。待ち受ける時代に、あなたならどのようなANAの客室乗務職として働きたいか、まとめてみましょう。

■**動画1分「人との関わりの中で大切にしていること」**

② ANAキャリア採用ES設問と記入ポイント 2023年(抜粋)

■**あなたがこれまでに"1歩踏み出した経験"を教えてください。**
また、その経験の中で培った"あなたの強み"を、客室乗務員としてどう活かせるか教えてください。（400字以内）

> まず要点（一番アピールしたいこと）を書きます。現職だけではなく学生時代の経験でも良いでしょう。ポイントは、どのようなことを経験し、そこから何を感じ、考え、行動したか、→それがどのような強みとなったか→それを生かしてどんなＣＡになりたいかで考えていきましょう。

■**あなたが思う客室乗務職の魅力と、客室乗務員を目指す理由を教えてください。**
（400字以内）

> 要点をはじめに書きます。
> なぜ現職を辞めてまで客室乗務職なのか、読み手が理解できる理由が必要です。また、客室乗務員とし働く場所が、なぜ他社ではなくANAなのか。ANAの客室乗務職として、どのような人生を歩みたいのかまで、自分の考えを可視化していきましょう。

③ JAL新卒採用ES設問と記入ポイント 2023年(抜粋)

■あなたはJALの客室乗務員として、どのような「新しい価値」を生み出したいですか。
(300文字)

　〇〇な新しい価値を生み出したい、と言うように聞いていることにピンポイントで答えましょう。「どのような新しい価値」で戸惑う人が多いでしょう。何に価値を感じるかは人によって違うので、一般的な話しに終始せず自分にとって新しい価値とは何か、それをJALの機内で自分ならどのように生み出したいのかを考えて書いてみましょう。

■あなたを漢字一文字で表現してください。また、その理由を教えてください。
(300文字)

　「理由は〇〇です」とまず要点を最初に伝えましょう。
　自分らしさを具体的に理解していくことが大切です。大切なことは、どのエントリーシートでもそうですが、会社が求めているものを追求して、「こう書けば気に入られる」と考えて文章化しないこと。自分らしさに自信を持って表現することが大切です。できるだけ他人と被らない漢字を選ぶのも大切です。

④ JALキャリア採用ES設問と記入ポイント 2023年6月(抜粋)

■経験職種について、内容や実績(500文字以下)

　職務経歴書と考えて、あなたが仕事で頑張ってきたことをアピールしてください。自身の提案が実現したことや、仲間を巻き込んで行動したこと、それが大小関わらず実績につながっていればなお良いでしょう。

■あなたのこれまでの一番の挑戦を教えてください。(300文字)

　一番の挑戦に大小はないかもしれません。この挑戦があったからこそ、そこから考え方が前向きになって何度も挑戦して物事を達成したり、新境地を開いた経験に繋がっているかもしれません。

■自分自身の魅力を最大限に発揮するためには何が必要だと思いますか。(300文字)

　自分の魅力は何かに挑戦すると決めたら、最後までやり抜くのが強み＝魅力。
　その自身を貫くためには、必ずやり遂げるという強い気持ちと意志が必要
　→それがわかるエピソードを入れる。
　※このような順序で考えると書きやすくなるでしょう。

まとめ

どんな質問にも答えられるよう企業研究と自己分析を何度も振り返る

　4年ぶりにANAグループの採用が行われ、これでANA、JAL共に採用試験が復活しました。ESでは、コロナ禍を経た経験から、両社共に**「どのようなことがあっても、前向きに自ら考え行動するか」が問われる内容**になっていました。「挑戦」や「価値」というワードが用いられていることが特徴と言えそうです。
　どのような質問内容でも書けるように、企業研究と自己分析を何度も振り返りましょう。

① 2019年のES記入例

（2023年のESはウェブ入力で、内容は同様ですが、このフォーマットではありませんでした）

写真 写真は明るい表情で！清潔感を第一に。	ID	123456		生年月日	○○○○年○月○日（満○○歳）
	フリガナ	○○○○ ○○○		連絡先	○○○−○○○○−○○○○
	氏名	○○○○○			
	現住所	〒○○○−○○○○ ○○県○○市○○町１丁目２−３		第一印象を良く！字の癖は目立つので丁寧に。年月日などの確認を。提出前に多くの人に見てもらうこと。	

学　歴	学校名	学部学科	入学・編入年月	卒業年月

学歴特記事項	

語学力	英語	〔TOEIC〕 　　　○○○点 （種類）公開テスト （取得）　　年　月	〔GTEC〕 　　　○○○点 （種類） （取得）	〔その他〕 TOEFL 　　　○○○点 （取得）	その他語学	語学名 レベル 取得	語学名 レベル 取得

海外経験（居住、留学など半年以上に亘るもの）※旅行は除きます

国名	期間	目的	国名	期間	目的
カナダ	2000年○月 ～ 2000年○月	英語力向上のための留学			

ゼミ・論文テーマ	ゼミは開講されていませんが、特に異文化論に力を注ぎ、文化・宗教の違いの理解に努めました。		
部活動・サークル 役割	高校	バレーボール部　副部長	大学　バレーボールサークル　会計
保有資格	IATAディプロマ（国際航空貨物取扱士）	趣味・特技	〔趣味〕ランニング：フルマラソン出場に向けて猛練習中です。 〔特技〕体が柔らかく、開脚180度、立位体前屈が得意です。

―― 履歴部分（青枠内）はウェブエントリー時点での入力を後から変更できない。そのため、慎重に正確な情報を入力すること。

■あなたがANAの客室乗務職を志望する理由を記入してください。（150字以内）

ANAの大好きなところ、共感できるところとその理由を書く。また、大好きなANAでどのような自分を生かし、「どんなCAになりたいか」が読み手にイメージできるように表現することがポイント。「志望動機」を書く（P89）でまとめた内容をさらに短くまとめてみよう。

■将来の姿について想像したときに、あなたは人としてどうありたいですか。（200字以内）
※ANA客室乗務職としてのキャリアビジョンではなく、大切にしたい考え方や価値観を記入してください。

200字という制限の中では、簡潔にまとめることが大切。冒頭に「○○な人でありたい」から書き始め、次に、その理由を論拠となるエピソードを入れてまとめて、相手を説得する。エピソードは読み手が状況を頭に描けるように分かりやすく書くこと。

② ANA CA職 過去のES設問も練習しましょう

- 今のあなたが形成される過程でもっとも影響を受けたこと（受けていること）と、そのことについて事実を簡潔に説明。それらを通して形成されたあなたの内面について、どのように影響を受けたか、何を感じたかなどを踏まえ、記入（540字）。

- あなたがこれまでにもっとも考えて決めたことや答えを出したことは？　①題名を書く（60字まで）②概要を記入（180字まで）③大切にした考えは何か、どのような観点を持ち、どのように考えたのかを記入（300字まで）。

- あなたのキャラクター、これまで努力・挑戦してきたことを交えてあなた自身について教えて。

- あなたの強みをANAの客室乗務職としてどのように生かせるか。

- あなたが考えるANA社員に必要な要素は何か。それを踏まえて入社後どのように行動するか。

- 将来どのような人でありたいか。また、ANAの客室乗務職として働くことを通してあなたのなりたい姿に近づいていけると思う点があれば教えて。

- あなたがこれまでに真剣に取り組んできたこと。成功失敗は問いません。そのとき、大事にした考え方もあわせて教えて。

気になるポイントを書き出しておきましょう

1　2022年のES記入例

写真貼付 40×30mm 上半身・正面・無帽３ヶ月以内に撮影のもの写真裏面に氏名・IDを記入 カラーのみ **写真は明るい表情で！清潔感を第一に。**	フリガナ	○○○○ ○○○	ID　No.	123456
	氏名	○○○　○○○	生年月日	○○○○年○月○日
	現住所	〒○○○-○○　　○○県○○市○○町１－２－３		

ゼミ・研究室	テーマ・概要	グローバル経済が及ぼす効果と影響		
部活動・サークル	内容	ダンスサークル	役割	会計
趣味・特技	〔趣味〕日本の庭園めぐり　　〔特技〕緑茶の種類を当てること			
資格（英語）	（例）TOEIC　　　　　　　　　　　　　点数：級　（例）750			
その他外国語	（例）新HSK4級　　（検定・資格などあれば記入）			
海外留学・居住経験	年　月 〜　年　月	国名	○○○○○○	概要	語学留学
【留学生・教育実習生】受験希望	※新卒試験では、〔留学生・教育実習生枠〕が設けられている			

「人との繋がりの中で幸せを感じた瞬間」を教えて下さい。（300文字以内）

①一番言いたいことをまず先に述べましょう →②その理由を述べます →③そのためにどのように行動したのか（ここが一番ポイントですから具体的に、エピソードを用いて、読み手がまるでその場にいたかのように感じてもらえるよう書くこと）→④結果とそこから何を得たのか。
P95〜97の「学生時代頑張ったこと」の書き方を参照しながら書いてみましょう！

何かにチャレンジする時に、あなたが大切にしていることを教えて下さい。（300文字以内）

こちらも上記と同じです。
①一番言いたいことをまず先に述べましょう →②その理由を述べます →③チャレンジした内容（「大切にしていること」と合致していることが重要）→④そのチャレンジから得た結果や大切にしていることを将来どのように生かしていくか、など。

② JAL CA職 過去のES設問も練習しましょう

- 仕事をする上であなたが大切だと思うこと。
- 自分が今までに受けた「最高のサービス」とはどのようなものか。その理由と共に記入。
- あなたが最も大切にしていることは何か？その理由と共に記入。
- あなたがJALを志望した理由を最大三つあげる。それらの理由を踏まえ、JALで何を実現したいのかを具体的に記入。
- あなたがJALの客室乗務職を志望した理由と、JALが「世界一お客様に選ばれ愛される会社」になるために、JALで実現したいこと。
- 夢をかたちにするために、あなたが大切だと思うこと。また、日々実践していることを理由と共に記入。
- あなたが特に力を注いで取り組んできたことを三つ（A・B・C）あげてください。これらA・B・Cのうち一つを選択し、「なぜ力を注いだのか（理由）」「何を目指し、どのように挑戦したのか（目標・行動）」「何を実現したのか、そこから何を学んだのか（結果）」の順で記入してください。
- あなたが困難に直面した際に、どのように考え、行動し、乗り越えましたか。これまでの経験をもとに具体的に記入してください。
- 人とのつながりの中で幸せを感じた瞬間を教えてください。（300字以内）
- 何かにチャレンジする時に、あなたが大切にしていることを教えてください。（300字以内）

気になるポイントを書き出しておきましょう

---

5 他社 CA職 ES設問 2016 ～ 2023 年（抜粋）

2016年～23年の設問です。どのような内容の質問であっても書けるように、企業研究と自己分析を何度も振り返りましょう。

ANAウイングス

- ANAウイングスの客室乗務職への志望動機（400字）
- これまでに努力・挑戦してきたこと等を踏まえてあなた自身について教えてください（300 ～ 500 字以内）
- 趣味・特技（70 字以内）
- 10 年後にあなたはANAウイングスでどのようなことにチャレンジしていますか
- あなたとチームが成長するためにあなた自身が努力した経験（400字）
- 動画：自己PR30秒・ANAウイングスのCAとしてお客様にあいさつ２パターン

ジェイエア

- 志望動機
- 自己PR（スナップ写真を選んだ理由と共に）

日本トランスオーシャン航空

- JTAを志望した理由と、JTAで何がしたいか
- あなたの人生の中で印象に残る出来事と、その後のご自身の成長について
- お客様から選ばれる航空会社となるために、弊社でどのようなことに取り組みたいですか。あなたの考え、意見をお書きください
- 志望理由（300字以下）
- 志望動機と当社における10年後のありたい姿（600字以下）
- これまでの実績や成功体験を通して得たこと（600字以下）
- 日々の乗務以外で会社に貢献できることを、あなたの強みを交えて
- 現職で大切にしていること（600字以下）

フジドリームエアラインズ

- 学業・ゼミ・研究室など取り組んだ内容（400字以下）
- 自己PR（400字まで）
- これまでに最も打ち込んだこと（400字以下）
- 志望動機（400字まで）
- 動画：ESで言い残したこと1分以内、FDAで好きな色２機とその理由1分以内

AIRDO

A４サイズの白紙に設問の枠があり手書きで回答
- 志望理由
- これまでの困難をどう乗り越えたか
- 「AIRDO」を選んで良かったと思っていただけるために当社でしたいことは何ですか
- コロナ禍の厳しい航空業界の状況をあなたならどう乗り越えますか

ソラシドエア	
● ソラシドエアの志望動機 ● 学生時代に一番努力したことや誇れること ● あなたが考える、ソラシドエアらしさとは ● 将来どのようなＣＡになりたいか ● 他者から心無いことを言われた場合、どのように対処するか（300字）	● 志望理由（300字以下） ● ＣＡのあるべき姿（300字以下） ● 一番の困難と、乗り越えるために取った行動 （300字以下） ● 自己ＰＲ（100字） ● ここ数年最も時間を割いたこと、それによって得た事（300字）

スカイマーク
● 自己ＰＲ（300字以内） ● 10年後どのような立場でどのような仕事をしていますか ● 学生時代頑張ったこと ● 新生スカイマークのためにできること ● スカイマークをどのような会社にしたいか ● 満席の機内で子供が泣いています。ＣＡとしてどのように対応しますか ● 安心・快適なフライトを提供するために必要なこと（300字以内） ● なぜＣＡか

スターフライヤー
● 志望理由、入社後取り組みたいこと ● 機内で、コアとなるスターフライヤーファンをどのように増やすか、どのような年齢・性別のファンを増やそうとしているか ● 機内で行える期待を超えるおもてなしとは ● 力を注いだこと ● スターフライヤー「らしさ」実現のために、スターフライヤーのＣＡとして新しくしたいサービス ● 一番好きな「自分」を表現している写真を添付し、自己ＰＲを記入 ● 学生時代に最も打ち込んだことの写真を添付し、具体的に教えてください ● 個人の成長が会社の成長につながります。入社後どのようなキャリアビジョンを描きますか ● 「スターフライヤーらしさ」でお客様に選ばれ続けるためには、どのような新しいサービスを考えますか ● お客様にスターフライヤーを選んでよかったと思っていただけるために、当社で貢献できること

6 GS職 ES設問 (抜粋)

ANAエアポートサービス

- 志望理由（500字）
- あなたらしさが伝わる写真をアップロードしてください。アップロードした写真からあなたらしさを一言で表してください。その理由と詳細を記入（500字以下）
- 私は「〇〇〇〇〇」です。をどんな人か一言で。とのその理由（500字）
- 書きたいテーマを決め自由記入（500字）

ANA沖縄空港

- 志望動機（200～400字以下）
- あなたがPRしたいことを文章と写真で表す（200～400字以下）/PR写真
- 学生時代仲間と共に取り組み、成果を出した経験について具体的に記述（200～400字以下）
- 今後仕事を通して実現させたい夢と、その夢を実現させるためにどのように成長したいか

ANA関西空港

- アピールできる写真と、その時に力を入れて取り組んだこと（400字以下）
- 志望理由（400字以下）
- 志望理由を踏まえ、ANA関西空港で何を実現したいか（500字以下）

ANA大阪空港

- この2年間社会が大きく変化した中で、あなたが課題認識を持ち取り組んだことはどのようなことですか。また、そこから得た学びを記載してください。現在在学中の方は、アルバイトのご経験以外で記載してください（500字以下）
- あなたが成長する上で大切にしたい価値観は何かを記載してください。（500字以下）
- ANA大阪空港で働くことを通じて、将来あなたはどのように自己実現をしていきたいか。自由に記載（500字まで）
- あなたが考える公共交通機関の使命について、理由も併せて記載してください（500字以下）
- この3年間世の中（社会）が大きく変化する中で、あなたがチャレンジしたことについて記載してください。チームやコミュニティでの取り組みがあれば、その中であなたの役割を踏まえた上で記載してください（500字以下）

ANA中部空港

- 志望理由と実現したいこと
- これまでの人生で自ら考え行動したエピソード（400字以下）

ＡＮＡ成田エアポートサービス

● あなたがＡＮＡ成田エアサポートサービスを志望する理由（300字以下）
● 航空機を安全かつ定時に運航するために重要だと思う要素とその理由（400字以下）
● これまでの経験で最も苦しかった出来事とそれをどう乗り越えたか（400字以下）
● あなたの強みを漢字1字で。その理由やエピソード（300字以下）
● あなたの弱みを漢字1字で。その理由やエピソード（300字以下）
● これまでの経験や自身の強みを生かし、当社にどのように貢献できますか（300字以下）

ＡＮＡ新千歳空港

● あなたの強みを表す写真（スナップ写真）

ＡＮＡ福岡空港

● ＡＮＡグループの中でも、ＡＮＡ福岡空港株式会社を志望する具体的な理由（400字以下）
● 入社後あなたの強みをどのように生かして会社に貢献するか（400字以下）
● 上記のように考える具体的な理由を経験談を交えて記入（400字以下）
● 自己ＰＲ動画（1分以下）

ＪＡＬスカイ

● メインベースを志望する理由
● これまでに苦労して乗り越えたこと。また乗り越えるために何をしたか
● ＪＡＬスカイで実現したいこと。実現のために必要だと思うこと
● 羽田・成田で働くＪＡＬのグランドスタッフとして、どのように成長していきたいですか
● 学生時代で一番の学びは何ですか。また、その経験をＪＡＬスカイでどのように活かしていきたいですか
● 貼付したスナップ写真について説明
● スポーツ・趣味・特技など
● 自由記述

ＪＡＬスカイエアポート沖縄

● リクナビより Open ES

ＪＡＬスカイ大阪

● これまでの自身の経験で仲間と共に取り組み仲間のために頑張ることに、誇りと喜びを感じたエピソードを具体的に
● 入社後どんなスタッフになりたいか
● 大阪国際（伊丹）空港の新しいＪＡＬカウンターに期待すること
● 志望動機
● 全身スナップ写真（2枚）とその写真を選んだ理由
● 2022年　リクナビより Open ES

Kスカイ
● 自己ＰＲ ● 志望動機 ● スナップ写真と選んだ理由 ● 学生時代に打ち込んだこと ● Ｋスカイに入社してやりたいこと

ＪＡＬスカイ札幌
● リクナビよりOpen ES

ドリームスカイ名古屋
● 周りから見たあなたの強み・弱み（100字以下） ● 学生時代に特に打ち込んで学習したこと（200字以下） ● あなたが会社を選ぶ上での基準（300字以下） ● 過去3年間にあなたが学業以外で取り組んだ最も印象に残る経験（困難に向き合い、乗り越え実現した経験）（400字以下）

ココが POINT

一度書いたＥＳをもとにブラッシュアップ！

一度書いたＥＳをもとに自らＱ＆Ａを想定してみましょう。そうしてブラッシュアップし、充実した内容のＥＳを提出することができます。またＱ＆Ａを練習すれば落ち着いて面接に臨めます。

7　Web テスト対策は早めの準備を

　Web テストは時間を計って正確に解く練習が必要です。 ＣＡ・ＧＳの試験は、面接重視と思いがちなところから軽視される傾向にありますが、どの業種・会社でも行われますから、早めに準備し試験の１カ月前までには確実に点数を取れるようになっておきましょう。受検方法としてテストセンターが一般的になりつつあります。

　Web テストには性格検査と能力検査があり、それに加えて英語能力検査を実施する企業もあります。

国　　　語	数　　　学
四字熟語、難読漢字、同意語、語句の用法、二語の関係、文の並び替え　など	順列・組み合わせ、確率、グラフ、速度、推論、割合、損益算、仕事算、集合、表の読み取り　など

8 動画による自己紹介のポイント

2022 年の動画採用は企業を問わず確実に増えています。2019 年のＡＮＡの
１次試験では「動画で１分間自己紹介をする」という課題でした。どのような
内容を話せばよいのでしょう。

　動画を撮る時点で質問が分かる場合もあるので、瞬時に考えて１分程度話し
ます。自己分析で自分のことをよく理解しておくことが重要です。

[１] 外面がチェックされる

　基本的には面接と同様、印象が大切です。明るくハキハキ、笑顔を大切
に話すこと。何度も撮り直して、納得のいくものを提出しましょう。

① 清潔感……髪型や洋服から完璧に清潔感を表出します。
② 表　情……表情は明るく、元気で、楽しそうな雰囲気を出すこと。
　　　　　　誰が見ても、この人と話したい！と思ってもらうことが大切。
③ 声の質と量……聞こえやすいスピードと明るい声で明瞭に。

[２] 話す内容がチェックされる

① **あなたの名前**
② **自分はどのような人間か**

　※②を理解してもらう内容として、自分の出身地や名前の由来を引用
して話す人が多いのですが、引用したものが、**今の自分の形成や価値観、
行動とどうかかわっているかまで言う必要があります。**また学生時代に
頑張ったことを話す人もいます。

[３] 時間を厳守する

　指定された時間を守ります。そのためにも自己分析で過去の出来事を文章化
して書くことや、頑張ったことをまとめておくと、いざという時に、すぐに
話せるようになります。

08 自己紹介動画をスマホで作る方法

オンラインコミュニケーションが普及した現在は、カメラへの映り方・聞こえ方が対面で身なりを整えるのと同じくらい重要になりました。ここでは、対面とオンラインを組み合わせた【ハイブリッド面接】に備え、就活生のための1分間自己紹介動画の作り方について解説します。

「Section09 失敗しないパソコン 設定 & Zoom のコツ」とあわせてお読みください。

カメラはスマホで説明していますが、パソコンの内蔵カメラや、ウェブカメラでも同様です。

執筆：動画ディレクター　オリカワシュウイチ

1　スマホで作る1分間自己紹介動画（就活生向け）

　就職試験でも、動画を活用する事例も増えてきました。企業が動画を使う一番のメリットは、「その人がそのまま確認できる」ことです。

　ここでが、あなたの良さを、しっかりと相手に動画で伝えるための方法をお伝えしていきます。知っているだけで大きな差が出ます。

準備するもの

　スマホ、三脚、スマホを三脚に接続する器具、スマホ編集アプリ（後述）

① 撮影場所は明るい屋内で（場所）

撮影する場所の明るさや雰囲気は、顔の印象に影響します

- 顔に（できる限り）前方から光が当たる場所を探します。晴れた日中に窓の近くが理想。蛍光灯の真下に立つのは避けます。顔の下半分にシルエットができてしまいます。
- 静かな屋内で撮影します。屋外の方が明るいから撮影に向いている、と思うかも知れませんが、光が強すぎて顔に影が出たり、余計な音が入ったりします。
- 背景は無地の白い壁がベスト。背後に、台所や衣装かけ、書籍棚などが写っていると、そちらに目が行ってしまいますので避けましょう。

② スマホは横向きで撮る（機材）

会社関係の人はパソコンで動画を視聴
することが多いため、スマホは横向き
にして撮る方が無難です。

（指示がある場合は、その指示に従ってください）

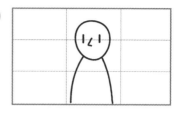

スマホは横向きで撮る

③ スマホの設定はデフォルトが無難（機材）

スマホカメラの初期設定は変更しない方がいいでしょう。ただし、「グリッド
（画面を9分割する線）」を表示させておくと、水平などが確認しやすくなります。
（機種によっては機能がついていないこともあるので、なくても構いません）

グリッド（画面を9分割する線）」を表示させておくと、
水平などが確認しやすくなる

④ スマホの高さはアイレベルで（機材）

話すときは、カメラを目の高さ（アイレベル）に設置するのが一番無難。
映像は、アングルによって印象が変わります。

カメラはアイレベルに設置　　　カメラ位置が低いと、相手を　　　カメラ位置が高いと、相手を
　　　　　　　　　　　　　　　見下ろしてしまい尊大な感じに　　見上げて弱々しい感じに

⑤ 三脚を使う（機材）

三脚、及びスマホと三脚をつなぐ器具が必要です

　これらは 100 円ショップでも購入可能ですが、きちんと水平が取れる、安定感がある三脚が理想です。高さがアイレベルに足りないときは机の上に置いて撮影します。

安定感のある三脚でスマホを固定

⑥ 距離感は上半身が映るくらいがちょうどいい（位置）

カメラとの距離感は、相手との間合いです

　初対面の相手にとって、あまり近すぎるのも、遠すぎるのもよくありません。就活の場合は、上半身を撮るくらいの距離感がいいでしょう。話すようすや身振りを踏まえた雰囲気も伝えることができます。

上半身が映るくらいがちょうどいい

初対面の相手にとって、近すぎるのも
遠すぎるのもよくない

7 １人で撮影する場合はリモコンが役立つ (機材)

　１人で撮影する場合、スマホに手が届かないので録画ボタンを押すことができません。 その場合、撮影前に録画を押して、撮影場所に戻り、撮影が終わってからまた移動して録画を止めるという一連の動きまで撮れてしまいます。

　１人で撮影しなければならない場合は、下記のような回避方法があります。

① 編集アプリで冒頭と最後の不要な部分をカットする

編集で録画ボタンを操作する
動画はカットする

② スマホ用のリモコンを使って撮影する

リモコンを使えば編集せずに
すむ。スマホ用のリモコンは
100円ショップでも購入できる

8 姿勢良く話そう (話し方)

　一般的に、立って話す方が背筋も伸び、印象が良くなります。

　ただし、相手先から「椅子に座って」という指示があった場合はそれに従います。あごを引き、視線をキョロキョロさせないように話します。

×猫背になっている

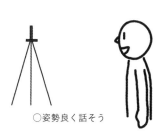

○姿勢良く話そう

9 音に注意！（音声）

　スマホから離れるほど録音の声が小さくなり、相手は動画を見る気をなくしてしまいます。ピンマイクを使えば解決しますが、無い場合は次の3点を意識してください。

① 静かな場所で撮る
　撮影中はエアコンやストーブは消す。強い雨の日や、近くで工事がある場合も撮影向きではない。
② 声を大きく出す
③ スマホに向かって話す
　決して下を向いて話さないこと。スマホに向かって、まっすぐ、しっかりとした大きな声で話そう。

聞き取りやすい話し方を心掛けよう

下を向いて話すと録音の声が聞き取りにくくなってしまう

10 「読み原稿」を準備し練習しよう（話し方）

　撮影する前に話す内容のメモを作っておくと気持ちが楽になります。
　また、採用動画を撮る時点で質問が分かる場合もあるので、事前に想定問答集を作っておくとよいでしょう。その際は書き原稿ではなく、**読み原稿を作ります**。
　読み原稿とは「聞いて理解するため」のもので、「読んで理解する」書き原稿とは異なります。**一文が長い原稿は避け短い文章で構成**します。聞いて理解しやすいかどうか、録音したり友人に聞いてみたりして練習しましょう。
　撮影の際には準備した原稿を手元に置くのはできるだけ避けます。原稿があるとつい読んでしまい、読んでいることが相手に伝わってしまうからです。多少噛んだりしても、自分の言葉で話す方が印象は良いものです。

⑪ 話し方や表情の癖を把握して修正しよう（話し方）

　人はそれぞれ話し方や表情に特徴がありますので、きちんと把握しておきましょう。**表情・話し方は練習で修正が可能**です。就活や営業では、「雰囲気がいいな」「一緒に仕事をしたいな」と感じてもらうのが第一。そんな「表情」を意識してみてください。

● **話し方や表情を確認し、練習で修正しよう**
　　目が泳いでいないか、目力が強すぎないか、何度も瞬きをしてしまわないか
　　口角が下がっていないか、笑うとき、片頬だけ動かしていないか　など

⑫ 相手が聞き取りやすい話し方を心掛けよう（話し方）

　良い話し方とは、「相手が聞きやすい」話し方です。
　まず、早口は厳禁。ついやってしまうのが、「覚えていることを忘れないうちに吐き出すように話す」こと。これが一番ダメ。必ず早口になってしまいます。**言葉を区切りながらゆっくりと**話す。全部をゆっくりにするのではなく、緩急をつけて話すといいでしょう。
　　【練習例】
　　私が普段やっていることは、　　　　　　←**普通に話す**
　　小さい規模の映画制作、　　　　　　　　　←ゆっくりはっきり話す
　　小予算のビジネス動画制作、　　　　　　　←ゆっくりはっきり話す
　　初心者の映画制作ワークショップ、　　　　←ゆっくりはっきり話す
　　です。それぞれ説明させていただきます。まず、←**普通に話す**
　　「小さい規模の映画制作」です　　　　　　←ゆっくりはっきり話す
　　これは・・・　　　　　　　　　　　　←**普通に話す**

⑬ 自分の声の特徴を把握して修正しておこう（話し方）

　落ち着いて話すときの声の高さを把握しておき、気になる点は修正しておきましょう。また、自分が発音しにくい言葉を避けるなどの練習もしておくと落ち着いて面接に臨めます。
　● **声の特徴を確認し、練習で修正しよう**
　　○キンキン声 ⇒ 下げる努力をする
　　○くぐもっている ⇒ ゆっくりはっきり話すように気をつける
　　○舌がうまく回らない ⇒ ゆっくりはっきり話すように気をつける

⑭ 相手からどう見えているかを意識しよう（表情）

　就活は、「格好良く見せる」「美しく見せる」のが目的のすべてではなく、会社の人に「雰囲気がいいな」「一緒に働きたいな」と感じてもらうのが、第一ではないでしょうか。ですから、雰囲気づくりを大事に表情にこだわりましょう。**動画を撮る前に、「会うのを楽しみにしてました！」という気持ちをイメージしてから始めるといい**と思います。

⑮ 簡単な動画編集ができるようになっておく（編集）

　「編集」といっても、自分の目を大きく加工する、といったことではありません。**皆さんがすべき編集とは、「動画の余計な部分を削って見やすくする」これに尽きます。カット編集を軽くマスターしておくだけで十分**です。

　編集アプリは、iPhone なら iMovie、アンドロイドなら InShot や VLLO の無料版あたりが無料でオススメです。

- ● **次のような動画の余計な部分は削って見やすくする**
  - ○録画ボタンを押しに行ったり、という動作をカットする
  - ○あー、とか、うー、など余計な部分を削って見やすくする
  - ○最後、頭を下げて顔を上げて、いいところで止める

最後に。動画制作は思いやりです

　見る人が見やすいように頑張るのが撮影であり編集作業です。

　試しで撮ってみて、どう見えるか、どう聞こえるかを確かめ、本番に入る前に、練習で修正できるところは修正していくことが重要です。

　相手のことを考えて丁寧に撮影することは、「丁寧に字を書く」のと同じことです。 しっかりと努力して、**相手への思いやりを持って撮影すれば、大きく差がつき、やがて道は開きます。**

　皆さんのご健闘をお祈りしています。

ポイント

自己紹介動画やオンライン面接は、モニターに映っているあなたがすべて

　対面での面接の場合、雰囲気全体が相手に伝わります。しかし、動画やオンライン面接では、モニターに映っているあなたが全てです。Section08,09 では、モニターを通じて、あなたの良さを相手に伝える技術的な方法を載せています。ぜひ参考にしてください。

失敗しないパソコン設定 & Zoom のコツ

ここでは Section08 でお伝えしたことをベースに、オンラインでの面接やグループディスカッションで必須の「パソコン & Zoom 設定のコツ」について解説します。
機材はパソコン、オンラインミーティングツールは、代表的なプラットフォーム Zoom で、その他の機材は極力使わないで、シンプルかつ効果的な方法についてまとめました。

準備するもの

マイク・カメラが搭載されているパソコン
Zoom（アプリをダウンロードして、アカウントを作成しておきます）

ご注意

Zoomはバージョンアップが頻繁に行われます。ここに掲載しているのは、2022年11月時点での情報です。最新情報や詳細はサポートでご確認ください。
https://support.zoom.us/hc/ja

Ⅰ　Zoom への参加および退出方法

Zoom は 2 人での簡単なビデオミーティングから、数百人規模のオンラインセミナーの開催までサポートするウェブミーティングプラットフォームです。ここでは基本的な使い方について解説します。

① 招待リンクから Zoom へ参加する

主催者からメールなどで招待リンク URL が送られてきたときは、その URL をクリックし、表示された内容に従って参加します。

パソコン版に限っては招待リンクから参加するだけなら、ブラウザだけで利用できます。

※ただし、この方法で参加すると、ビデオプレビュー画面が表示されないので、自分の映り方を確認できません。

面接などの場合は、「❷ミーティング ID から参加する」がオススメ。

② ミーティング ID から参加する

ミーティング ID とパスコードからは、次の手順で Zoom に参加します。

※多くの場合、ミーティングIDとパスコードは、主催者からの招待リンクURLと共に
メールなどで送られてきます。

① **Zoom を起動し、サインイン後、「参加」をクリック**

② **ミーティング ID を入力し「参加」をクリック**

③ ミーティングパスコードを入力して「参加」をクリック

④ ビデオプレビューの画面が表示されるので、「ビデオ付きで参加」をクリック

（「ビデオ付き」「ビデオなし」の参加方法は会社の指示に従ってください）

※ビデオプレビュー画面で、自分の映り方を確認しておこう

⑤ 「まもなくホストがミーティングへの参加を許可します」の画面が表示される。

※下部に「スピーカーとマイクをテスト」が表示される。クリックして、テストしておこう。

⑥ ホストが許可すると、ミーティングに参加できる

⑦ 「ミュート解除」をクリックし、自分の音声をONにしておこう

3 Zoom からの退出方法

① ミーティングが終了し、退出するときは、画面右下の「退出」という赤いボタンをクリック

② 「ミーティングを退出」をクリック

2 ウェブミーティングで良い印象を与える方法

ウェブミーティングの場合は、**パソコン画面を通じて伝わるあなたが全て**です。

パソコンに搭載されているカメラの位置やオーディオによって、相手に与える印象は大きく変わります。理想的な状態を作り出すための工夫を解説していきます。「Section08 自己紹介動画をスマホで作る方法」もあわせてお読みください。

① パソコンの高さを調節しよう

ノートパソコンは、そのまま机の上に置くと、どうしても搭載されているカメラの位置が低くなります。

相手にとって安定感のある高さは、あなたにとってカメラの位置が目の高さか、それよりやや下あたり。ノートパソコンの下に本などを置いて高さを調整しましょう。

デスクトップパソコンなど、パソコン側の高さを簡単に調整できない場合は、椅子の高さで調整しましょう。

カメラやオーディオが、パソコンのどこ
に搭載されているかを確認しておこう

パソコンスタンドを使う方法も

うまく高さが調整できなくて不安な場合は、市販のパソコンスタンドもあります。
安定していて、小さく折り畳めるタイプが使いやすい。購入する際は、オンライン面接で
使うパソコンのサイズに合っているかを確認しましょう。

様々な種類がある「パソコンスタンド」。購入する際は自身の
パソコンのサイズに合っているか、どこで使うか、どこに
置くか、などをショップで相談しよう

② こんな映り方は避けよう

オンライン面接で避けたい映り方とその理由を解説します。

① パソコンカメラが自分の口元よりも低い位置にある

見下ろされているような印象を相手に与えてしまいます。

パソコンカメラ

パソコンカメラの位置が低いと相手を
見下ろしているようになってしまう

② パソコンカメラに近づきすぎる

相手に圧迫感を与えます。資料の文字が小さいときなど、ついパソコンに顔を近づけて
しまうことがあるので注意です。

パソコンカメラに近づきすぎると圧迫
感を与えてしまう

③ パソコンカメラから離れすぎる

自分の顔が小さくなり、相手には弱々しい印象を与えてしまいます。
また、首から上だけが写る「首だけアングル」も避けましょう。

ポイント

映り方のチェックは Zoom のレコーディング機能を使って

相手にどう見えているかは自分では分かりません。Zoom のレコーディング機能で
確認しましょう。→「❻ Zoom のレコーディング機能をチェックに使おう」

③ 自分の目線を固定して話す練習をしよう

　パソコン画面を見るか、パソコンカメラを見るかで、相手にとってのあなたの目線は変わります。

　パソコン画面に映る相手の顔を見て話せば、相手からは目線がずれます。一方、パソコンカメラを見て話せば相手に目線が合いますが、今度は相手の反応を確認できず非常に話しづらくなります。

　パソコンの高さを調節し、伏し目がちにならず、かつ相手の反応も確かめられる目線を探して、面接の練習をしましょう。

　後述❻の方法で実際に自分が話す様子をレコーディングして確かめたり、友人同士で確認しあったりするのも有効です。

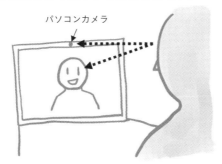

パソコンカメラ

目線を固定して話す練習
をしよう。

④ 映る範囲を決めよう

　パソコンカメラを通して自分のどの範囲を写すかを決めます。

　一度に大勢が参加する場合は、一人一人の表示サイズが小さいため、胸から上くらいの証明写真サイズでいいでしょう。しかし、1対1や少人数のときは、証明写真サイズでは相手からは近すぎると感じられるかもしれません。

　手の動きも入る、上半身サイズが適切でしょう。

グループディスカッションなどでは、胸
から上ぐらいのサイズで映ってもよい

1対1や、少人数の面接では、上半身が
映るぐらいのサイズがよい

⑤ 部屋のどこにパソコンを置くかは重要なポイント

　自宅から Zoom に参加する場合、どこにパソコンを置くかで、相手に与える印象は大きく変わってしまいます。「ここにしかパソコンが置けないから」という消極的な理由は避け、好印象を与える状況を作り出しましょう。

① 窓に向かって座る

　窓があれば、顔に光が当たるように座ります。窓を背にして座ると逆光になって顔が暗くなってしまうため絶対にＮＧです。

窓を背にして座ってはいけない。逆光で
顔が暗くなってＮＧ

② 部屋の角を背後に入れない

　自分の背後に、部屋の角や天井の切れ目が入ると、相手に窮屈な印象を与えてしまいます。

部屋の角を背にして座ってはいけない。
窮屈な感じに映ってしまいＮＧ

③ 背景はシンプルイズベスト

　プライベート感を避けるため、背景はできるだけシンプルにしましょう。無地の壁が理想です。映る部分は片づけましょう。
　部屋の中が映らないようにと、壁にぴったりと座る人もいますが、圧迫感が出ますし、自分の影も出てしまうので避けましょう。

⑥ Zoom のレコーディング機能をチェックに使おう

　ここまでの環境づくりができれば、あとは皆さんの表情や話し方にかかってきます。

　「Section08 自己紹介動画をスマホで作る方法」が共通して使えますので必ずお読みください。

　Zoomミーティングは、Zoom のレコーディング機能で画面を録画し何度も練習することができます。

　なお、搭載カメラやオーディオはパソコンによって異なるので、練習は必ず面接で使うパソコンで行ってください。

【使い方】

① Zoomを起動し、サインインする。
② 新規ミーティングをクリック。
③ 画面下部の ⭕ 「レコーディング」をクリックし、面接の練習をする。
④ 練習が終わったら、■ 「レコーディングを停止」をクリック。
⑤ 右下の「終了」―「全員に対してミーティングを終了」をクリック。
⑥ Zoomを終了すると、次のような画面が表示される。

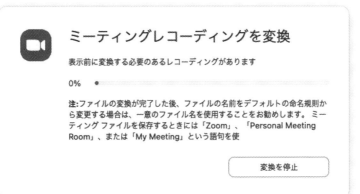

⑦ 変換が完了すると、レコーディングされたデータが保存されているパソコンの場所が開き、確認することができる。

3 機材は必要に応じて使おう

追加機材は必須ではありません。パソコンだけではどうしても改善されない場合は、いくつかの機材が助けになります。

❶ マイクは適切な投資

ウェブミーティングにおいては、**相手にとって快適に聞こえることが基本のマナー**です。パソコンに標準搭載のマイク性能が、あまりよくないと不安ならば、1,500円程度で構わないので外付けのマイクを用意しておくといいでしょう。

【注意点】

- 購入するときは、面接で使うパソコンで動作するかの動作確認をする。
- マイクはパソコンの近くに置き、自分の口に向けて話す。
- Zoomの「スピーカー＆マイクをテストする」機能で確認する。
- Zoomのレコーディング機能で聞こえ方を練習しておく。
- ※Section08の「❾ 音に注意！」を必ずお読みください。

❷ 照明は必須ではないが1台あると便利

照明に興味がある人も多いと思います。窓に向かって座るだけで、顔を明るく映すことが可能ですが、安価で使いやすい照明機器もあるので、1台あると便利かもしれません。

【注意点】

照明の当て方で印象も変わってしまうので、Zoomのレコーディング機能や友人同士での練習で、あて方や映り方を確認しておきましょう。

まとめ

人柄はカメラに映ります

オンラインも対面も同じで、「相手にどんな印象を持ってもらいたいか」を意識することが大事です。Section07,08を参考に、Zoomのレコーディング機能などを活用しながら、面接練習をしてみてください。

オリカワシュウイチ　https://karufu.net/

第7章
面接試験準備

10 第一印象を磨く

面接に向けて 100％のあなたで挑む準備を整えましょう。

I 外見を磨いて内定に近づく

1 良い第一印象を身につける

　ＣＡ・ＧＳは、会社の顔ともいうべき存在です。良い第一印象を身につけるには、マナーを体得すると同時に、内面からも気持ちを醸成させていく必要があります。

●第一印象を構成する要素
　1．あいさつ　　2．表情　　3．言葉遣い　　4．態度　　5．身だしなみ

2 歩き方を美しく！ 歩き方で一段と美しくなる

① つま先は 15°程度開ける。男性は 30°程度開ける。
② ヒップを引き締める。
③ 丹田（おへそのあたり）にぐっと力を入れて、反らないように背筋を真っすぐ伸ばす。
④ 肩甲骨を寄せるようにして胸を開き、肩の高さも揃える。
⑤ 首から背骨、足までが1本の線になるように真っすぐに立つ。
　※これがかなり重要ポイント！ 首を前に出すと猫背になります。
⑥ 顎を引いて、視線は正面になるように。
　※壁を利用して練習しましょう！ 壁に後頭部・肩・ヒップ・ふくらはぎ・かかとをつけて立ち、背中と壁の間に手が入る隙間ができると OK

ココが POINT

常に意識して良い姿勢や歩き方を身につけよう
　良い姿勢や歩き方は、朝の通学電車の行き帰りや、授業で座っているとき、信号待ちのときなど、何気ない行動一つからすべて意識して身につけていきましょう。

③ あいさつの種類とお辞儀のポイント

［1］ あいさつの種類

① 15度（会釈）

受験している会社で、社員と廊下ですれ違ったときに行う。

② 30度（敬礼）

面接入退室のとき「失礼いたします」と言ってお辞儀。

③ 45度（最敬礼）

面接終了時、椅子から立って、「有難うございました」と言ってお辞儀。

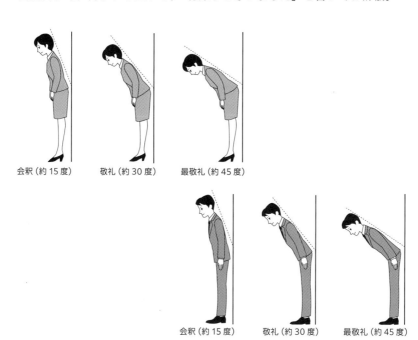

会釈（約15度）　　敬礼（約30度）　　最敬礼（約45度）

会釈（約15度）　　敬礼（約30度）　　最敬礼（約45度）

［2］ お辞儀のポイント

① 腰を曲げない、頭を下げない。腰だけを折る。

② 言葉を発してからお辞儀が基本（語先後礼）。

③ おなかの上あたりで両手を交差する。またはズボンの折り目に沿うようにして、まっすぐ伸ばす。

　※あくまで学生らしさを大切にして行いましょう。

2　笑顔を徹底する

1 あなたは笑顔が出やすいですか？　出にくいですか？

　なぜＣＡ・ＧＳはいつも笑顔で接しているのでしょう。中に"ステキ！"と思える笑顔のプロが多いですね。そんな人に出会ったお客様の気持ちを考えてみましょう。**ＣＡ・ＧＳの一人一人が笑顔でいることで、お客様は安心感や、親近感を覚え、その航空会社をまた利用しようと無意識のうちに思います。**笑顔が座席販売にもつながっています。

　それほど大切な笑顔は、家族や親しい仲間だけではなく、**日頃からどこでも誰の前でも常に表出できるよう努力しましょう。**

　笑顔でいることはあなたを幸せな気分にしてくれます。

質問	あなたは、笑顔で日々を過ごしていますか？
① なぜ、笑顔がよく出ると思いますか？	
② なぜ、ＣＡ・ＧＳに笑顔が素敵な人が多いと思いますか？	
③ 笑顔が素敵な人になるために、さらに日頃からどうすれば良いと考えますか？	

② 毎日2〜3回、笑顔のトレーニング方法

[１] 口角を上げるトレーニング（割り箸を使う）

① 割り箸を前歯で軽くはさみます。

② そのまま、ゆっくりと両方の口角を上げていきます。

③ 口角が上がったところで30秒キープします。

④ 割り箸をはさんだまま口角の上げ下げをくりかえして、口周りの筋肉を鍛えましょう。

[２] 表情を豊かに柔らかくする眉と目のトレーニング

● 眉のトレーニング

　目の周りにある眼輪筋を鍛えることで、眉を動かしやすくし、表現力をつけます。

① 人差し指を両方の眉の上にあてます。

② そのまま眉をゆっくりと上げていきます。

③ 人差し指は眉の動きを抑えるようにして、眉は人差し指を押し上げるように動かします。

④ その状態で5秒間キープします。

⑤ ゆっくりと眉を戻します。

● 目のトレーニング

　目元の筋肉である上眼瞼挙筋（じょうがんけんきょきん）を鍛えて、余分な脂肪を取ります。

① 人差し指で眉を、親指で頬骨を押さえます。

② そのまま目をゆっくりと閉じていきます。（眉を上げるようにすると効果的）

③ 3秒間キープした後、ゆっくりと元の状態に戻します。

　　※他にも、目をギューッと閉じた後にパッと見開く動作を繰り返すのも効果的です。

3　言葉遣いを美しく

　皆さんは、日頃から言葉遣いをどれくらい意識していますか？

　美しい言葉遣いは、第一印象が良くなるだけでなく、ずっと話したくなる魅力の一つになります。

❶　敬語を身につけよう

【表1】敬語には、丁寧語（です・ます）・尊敬語・謙譲語がある

種類	主語	動詞〔原形〕を変える		
		（1）	（2）	（3）
尊敬語	2人称 例：あなた・鈴木様 3人称 例：あの方、そちらは	お〜になる	慣用的表現	れる・られる
謙譲語	1人称 家族・社内の人間は身内と捉えて謙譲語で話す	お〜する	慣用的表現	

【表2】丁寧な表現に変えてみましょう

① 今日		④ さっき	
② あっち		⑤ 後で	
③ こっち		⑥ 今	

【表2】解答
① （今日）本日　② （あっち）あちら　③ （こっち）こちら　④ （さっき）先ほど
⑤ （後で）後ほど　⑥ （今）ただいま、今しがた

【表3】敬語に直してみましょう

動詞原型	尊敬語	謙譲語	動詞原型	尊敬語	謙譲語
する			知る		
行く			思う		
言う			食べる		
聞く			着る		
見る			会う		

※「です、ます」のあとに「ね」や「よ」をつけない
※カタカナ語を省略しない……バイト、バスケ、バレー

【表3】解答

動詞原型	尊敬語	謙譲語（Ⅰ・Ⅱ）	動詞原型	尊敬語	謙譲語（Ⅰ・Ⅱ）
する	なさる、される	いたす	知る	お知りになる 知られる、ご存じ	存じる 存じ上げる
行く	いらっしゃる 行かれる お行きになる	参る、伺う	思う	お思いになる 思われる	存じる、拝察する
言う	おっしゃる 言われる	申す	食べる	召し上がる	頂く
聞く	お聞きになる 聞かれる	伺う、拝聴する お聞きする	着る	お召しになる 召す	着させていただく
見る	ご覧になる	拝見する	会う	お会いになる 会われる	お目にかかる お会いする

② 言葉遣いをチェックしよう

　あなたは日頃、どの様な言葉遣いをしていますか？ いわゆる学生言葉になっていませんか？ 今一度、自分の言葉遣いをしっかりチェックして、日頃から修正しておきましょう。

こんな言葉遣いをしていませんか

① 語尾伸ばし　「〜なので〜〜」
② すっごく、やっぱ、あの〜、え〜を何度も使う
③ 〜なんですよぉ。〜なんですね。
④ 句のすべてが語尾上げ
　　（質問風）私は ♪　昨日 ♪　友達と ♪　映画に ♪　行ったよ。
⑤ 方言のイントネーションが出る

4　発声練習でよく通り聞き取りやすい声に

　ここからは、面接で良い印象を持ってもらうための声の出し方を練習します。声が通る、とよく言いますが、何のために声をしっかり出すことが大事なのか考えてみましょう。

質問	面接において、なぜ、声をしっかり出すことが大事なのですか。

質問	実際の仕事において、なぜ、声をしっかり出すことが大事なのですか。

考えるねらい

[ＣＡ] １．保安要員として旅客の誘導（時）　２．アナウンスの聞き取りやすさ
　　　　３．機内での会話で、ご年配の方や耳の不自由な方に聞き取りやすい質と量
[ＧＳ] １．ゲート前に旅客が現れないときは、大きな声で旅客を探す
　　　　２．アナウンス時も、お腹から声を出さないと聞きとりにくい

① 発声練習① しっかりお腹から発声

発声練習をします。しっかりとお腹から声を出すことで、ハキハキとした感じや明朗さ、また、前向きさや積極性も伝わります。

ＣＡ・ＧＳの仕事においては、緊急時、地声で避難誘導をしなければなりません。

発声練習のポイント I

肩幅程度に足を開き、しっかりお腹から発声

お腹に手を当てて、腹筋を使っているか確かめながら発声練習をしましょう！

[1] 1行分にブレスを入れず、母音を大事に発音しましょう。

1	アイウエオ	イウエオア	ウエオアイ	エオアイウ	オアイウエ
2	カキクケコ	キクケコカ	クケコカキ	ケコカキク	コカキクケ
3	サシスセソ	シスセソサ	スセソサシ	セソサシス	ソサシスセ
4	タチツテト	チツテトタ	ツテトタチ	テトタチツ	トタチツテ
5	ナニヌネノ	ニヌネノナ	ヌネノナニ	ネノナニヌ	ノナニヌネ
6	ハヒフヘホ	ヒフヘホハ	フヘホハヒ	ヘホハヒフ	ホハヒフヘ
7	マミムメモ	ミムメモマ	ムメモマミ	メモマミム	モマミムメ
8	ラリルレロ	リルレロラ	ルレロラリ	レロラリル	ロラリルレ
9	ワイウエオ	イウエオワ	ウエオワイ	エオワイウ	オワイウエ

② 発声練習② 早口言葉できれいに発音

発声練習のポイント2

口を、縦に横にしっかり開けてきれいに発音する

大きく息を吸い込んで、吐きながら早口練習。１カ月間、週に３回の練習を！！

[2] 早口言葉で発声練習をしましょう。

1	おあやや母親におあやまりなさい
2	この竹垣に竹たてかけたのは、竹たてかけたかったから竹たてかけたのです
3	新春早々新進シャンソン歌手による新春新進シャンソン歌手ショー
4	特許を許可する農商務省特許局、日本銀行国庫局、東京特許許可局
5	赤巻紙、青巻紙、黄巻紙、緑巻紙
6	親亀の背中に子亀を乗せて、子亀の背中に孫亀乗せて、孫亀の背中にひ孫亀乗せて、親亀こけたら子亀孫亀ひ孫亀みなこけた
7	この杭の釘は引き抜きにくい釘、引きにくい釘、抜きにくい釘、くぎ抜きで抜く
8	生麦　生米　生卵　生貝　生エビ　なまりぶし
9	八票はいって　ピョンピョン　ぴょこぴょこ　跳びはねた
10	うちのつるべはつぶれたつるべ　隣のつるべはつぶれぬつるべ つぶれぬつるべとつぶれたつるべ

5　身だしなみを整える

　第一印象の中でも、最初に目に飛び込んでくるものは、表情や身だしなみです。身だしなみは、その人柄やタイプ、生活習慣に至るまでを表している場合が少なくありません。特に現役のＣＡやＧＳが面接官の場合は、男女共に接客にふさわしい印象かどうか、頭のてっぺんからつま先に至るまでしっかりとチェックしていることが多く、あなたが気づかないようなところまで見られています。

私の身だしなみチェックリスト

あてはまる項目に
〇をつけましょう

髪	1	清潔を基本として相手に不快感を抱かせないようにしている	
	2	乱れた髪ではなく、整髪を心掛けている	
	3	髪を奇抜な色に染めていない	
	4	髪が長い場合はきちんと束ね、後れ毛も出ていない（女性）	
肌	5	過度な日焼けをしないようにしている	
	6	肌の手入れを欠かさずしている	
	7	定期的に産毛処理やひげそりをしている	
	8	眉を整えている	
服装	9	ＴＰＯを考えた服装を心掛けている	
	10	シャツ、ブラウスなど毎日着がえて清潔を重視している	
	11	スーツ着用後は、しわを伸ばすなど手入れを欠かさない	
	12	衣服の汚れには敏感である	
手足	13	ネイルアートはＴＰＯを考慮している	
	14	靴磨きやヒールチェックなど、靴ケアは欠かさず行っている	
	15	膝・脛・腕・手の甲など、傷をつくらないようにしている	
		計	個

ココが POINT

身だしなみのポイント

頭からつま先まで、トータルの清潔感です！
自分を改めて認識した上で、次頁の項目に沿って自己表出を練習しましょう！

【身だしなみのチェックポイント】	
髪型	☆ポイントは、顔、額を出すこと。それにより、明るく健康的、聡明な印象に。 ●女性……長い髪をまとめた際に、襟足、耳横のおくれ毛をハードムースでまとめ、落ちて来ないようにする。 ●男性……前髪が額にかからないようにハードムースなどでまとめ、落ちてこないようにする。
肌	●産毛処理をする。男性はひげの処理も。
化粧	☆女性の化粧のポイント（悩んだ時は、プロに教えてもらうのも良い） ●ファンデーションは、普段より少し明るめを。肌がきれいに見えること、明るいと好印象。頬紅は軽く、ほんのりと。目は印象に残るように。ただし、あくまで自然な印象に。目の下のくぼみが気になる人はコンシーラーを使用し明るい印象を。
眉	☆清潔感をポイントに手入れをする。 ●女性……眉一つで表情や人に与える印象が変わってしまうので、描き方がポイント。自分に似合う眉にするためにはプロに聞くのも良い。
唇 口紅	☆唇の乾燥を防ぐお手入れをこまめに。 ●女性は明るい色の口紅を。リクルートスーツは多くが黒なので、その方が、より華やかさを増す。
インナー	☆ブラウス、カッターシャツは白が基本。オフホワイトではなく、ホワイトが良い。清潔を基本に。 ●女性……丸首、V形、楕円形などで顔の表出が変化する。試着で確認しよう。カッターブラウスは小さい襟より少し大きめの襟の方が顔が華やかに見える。
スーツ	●女性……ジャケットはできるだけシルエットが美しいものを。スカートはタイトスカートが良い。フレアやボックス型はボディラインが美しく出ない場合あり。 ●男性……背丈、身に沿ったものを選ぶ。特にズボンの長さに気を遣うこと。色は一般企業の就活と同じと捉えればOK
靴下	●女性……スカートの場合は肌色のストッキング ●男性……ビジネス靴下着用。スーツの色に合わせる。白の靴下はNG
靴	☆必ず、毎回ピカピカに磨くこと。 ●女性……シンプルな黒色のパンプス。ヒールの高さは関係ないが3センチ以上が望ましい。逆に高いピンヒールは履かない。 ●男性……黒色、形がオーソドックスなビジネス用。前が長すぎたりするものは選ばない方が無難

LCCのZIPAIR Tokyoは仕事時の靴がスニーカーです。試験時は、会社から特にスニーカー着用の指示がなければ、基本的なリクルートスタイルで臨みましょう。上記内容は基本であり、受ける会社の社風を理解して、自分らしさの表出を考えましょう。

6　これから努力を要するポイントの把握と改善

　あいさつから身だしなみに至るまで、あなたの第一印象を振り返ったとき、何が強みで何が弱みかを把握しましたか？　それをここに書き出して、改善すべきところをしっかり把握し、行動していくことが大切です。また自分にとって悩みの種があったとしても、人に聞けば案外気になっていなかったりします。家族や友達に聞いて、実際に取り組むべき課題を明確にしましょう。

[1] 笑顔を中心とした表情の習慣

　いつもは笑顔が良く出ていても面接試験では緊張して出にくいものです。**どんなに緊張しても、自分の良い表情にできるだけ早く戻れるようにする**ことです。そのために、次のようなことを心掛けましょう。

- いつも楽しいことを考えるクセをつける！おもしろい動画を見る、自分の笑うスイッチを見つけておく。
- 1日1回、良いことをする。
- 口角が上がりにくい人は、1日5分は割り箸を口にはさみ「イー」と練習。

[2] バランスの取れた身長・体重

良い姿勢を保っていると雰囲気まで堂々とした感じになります。

- バランスの取れた身長・体重が大事

この仕事を目指している人にかなりやせようとする人がいますが、やせすぎているとハードな仕事が務まるかな？と思われることもあります。バランスが大事です。

[3] 日々の身だしなみから清潔感を養う

　就活でヒールを履く人も多いはず。毎日履くと靴はくたびれてきます。においや汚れに敏感になりましょう。毎日ピカピカに磨きましょう。
　ズボンやスカートのしわやカッターブラウスの襟にアイロンがけを！

[4] 日々の生活の中で察する力を養う

　日々起きている出来事にも関心を持って、なぜこんなことが起こるのだろう？　と考えたり、その渦中にいる人に想いをはせてみる。日々の生活の中で感謝の気持ちや人を愛する気持ちを大事にする。
　そうすると**一目見ただけで、その人の表情から何があったかを察する力が身についていきます。**

11 入退室のマナー

良い第一印象をしっかり身につけましたか？
次はその第一印象を入退室の練習を通して生かしていきます。

Ⅰ　面接に向けて入退室の練習

① ドアの前に姿勢を正して明るい表情や笑顔で立ち、ノックをした後、面接官の「どうぞ」を待ちドアを開ける。

② ［個人の場合］
ドアを開けて、「失礼いたします」と明るく颯爽と面接官を見て笑顔であいさつする。
鞄は片手で横に持つ。
ドアを閉めるときは、後ろ姿を面接官に見せないようにする。
お辞儀は、手をできるだけ下のおなかのあたりで組み、肘をあまり曲げないようにすること。
男性は手を体の横に添えてお辞儀する。
笑顔を意識するあまり作り笑いにならないように、
楽しそうな明るい表情を常に心掛けよう。

② ［集団の場合］
最初の人はドアをしっかり開け、あとの人が入りやすいように配慮する。各自あいさつしたら、椅子の前まで進み、全員そろうのを待つ。
最後の人はあいさつをした後にドアを閉める。

③ あいさつ後、明るく颯爽と歩く。
このときのポイントは、あいさつをしている時も、椅子まで進む時も、表情は明るく、笑顔の雰囲気があること！ 決して下を向いて歩かない。

④ ［個人の場合］
ドアに近い側に立つ。

④ ［集団の場合］
椅子の前に立つ。
名前を言う指示の後、「○○と申します。宜しくお願いいたします」とハキハキと笑顔であいさつする。

⑤ 椅子に座る指示の後、「失礼いたします」と軽く会釈して椅子の位置を確認しながら、美しい所作で座る。
姿勢は最後まで真っすぐ。
座るときのポイントは、深く座るが長い面接であっても背もたれにはもたれないこと。
女性は、足を90度よりも少し前に真っすぐ出す。それと同時に、手は膝の上で組む。膝頭が開いていないか意識する。
男性は、足を肩幅ぐらいに開き、膝と足は前に向ける。両手は軽く握り、太ももの上に置く。

面接のポイント

①面接室に入る前に、同室になる受験者と仲良くなっておきましょう。但し入る前にべらべらとおしゃべりするのは禁物。

②面接中は、同じ受験者の話に共感しましょう。うなずいたり、話の内容によって、表情を少し変えたりするのも共感しているようすがよく分かります。

第一印象に関して、これから努力を要する点を書き出してみましょう。

第8章
面接試験対策

Section

12

面接試験対策

面接では、第一印象・コミュニケーション能力・チーム力・気配り・忍耐力・たくましさ等、全てがチェックされます。
面接試験に向けてその対策を解説します。

コロナ禍を経た面接の傾向

2022年度の面接は、多くの企業において対面とオンラインを組み合わせた「ハイブリッド面接」と言われる形式で行われました。一般的には、最初の段階ではオンライン、選考が進むにつれて対面形式になります。

どちらの形式でも、苦手意識を持たず、しっかり対応できるように練習しましょう。

ハイブリッド面接対策は、「第6章 1次試験突破のカギ」で詳しく解説しています。

I 面接試験で見られていること

面接試験で、面接官はあなたの何を見ているのでしょうか。1次、2次、3次ごとにポイントを解説します。

1 1次面接試験

[1] 人数

● 人数5〜6人／グループディスカッション、または集団面接試験

[2] 見られるポイント

● 第一印象

▶グループディスカッションの想定問題と解説は、「Section13 グループディスカッション対策」で詳しく解説しています。

▶オンラインで行われる場合の対策は、「第6章 1次試験突破のカギ」で詳しく解説しています。

② 2次面接試験

[1] 人数
- １～３人／集団面接または個人面接

[2] 見られるポイント

※基本的に見られるポイント
- 第一印象
- コミュニケーション能力、主体性、積極性
- 自己分析をしっかり行うことによって、なぜCA・GSかという点について、単なる憧れではなく明確に言えるか

※応用的に見られるポイント
- 各社それぞれが求めるタイプかどうか

▶各社それぞれが求める人財については、「第５章 企業研究」で詳しく解説しています。

③ 3次面接試験

[1] 人数
- 人数１～２、３人／集団面接または個人面接

[2] 見られるポイント
- 面接官が試験ごとに変わることによって、誰が見ても同じ好印象かどうかを再確認
- この会社を選ぶかどうかの最終確認

2 面接試験対策の重要なポイント

1次試験を突破し、いよいよ面接試験です。第7章までで学んできたことをベースに、面接試験に臨みましょう。ここでは面接試験対策の重要なポイントを確認していきます。

➊ 面接では、ありのままのあなたしか興味を持たれない

次のような点に留意し、「ありのままの自分」で面接に臨みましょう。

これは面接で最も大事なことです。「面接では、ありのままのあなたしか興味を持たれない」のです。

［1］自分に素直に

自分の現状を認め、過大によく見せようとしない。これ以上の自分も、これ以下の自分もいないのです。

［2］敬語を使いすぎない

「CA・GSは接客のプロだから、きれいな言葉遣いをしなくてはならない」とばかりに、「ございます」「しております」とやたら言う人がいます。敬語の基本は知っておくべきです。そして分かった上で、学生という本分を生かして、「です・ます」調で話せばよいのです。

［3］覚えた文章をそのまま言おうとしない

「面接の答え」は暗記してもだめです。**面接では「あなたの考え方」が問われます。**

面接は不安な気持ちで臨む場合が多いため、暗記していく人が多いのですが、これでは面接官があまりあなたに興味を示してくれません。暗記はあくまで暗記であって、その場の質問に考えたことではないからです。

面接では、会話の中で様々なな角度から深掘りされますので、あらかじめ解答を暗記しても質問に答えられません。

それよりも、**素直に、会話を楽しみながら、あなたの考えをまとめて、自分の言葉で答えることが面接突破のカギ**です。

まとめ

考えをまとめて、自分の言葉で答える習慣をつけるのに役立つ手法例

- 新聞からエアライン関連の記事をスクラップし、音読し、記事を2行分くらいに要約する。
- 常に「なぜ？」と疑問を持つ。物事を当たり前に見ない。
- 話すときに「○○だから、○○だね」と、理由や説明をできるだけ入れるように習慣づける

② 掘り下げて考える習慣をつける

「第6章 1次試験突破のカギ」でも解説したように、面接2次～3次試験では、ＥＳ内容に沿って深掘りされることが近年非常に多くなっています。これにより、受験者を様々な角度からしっかりとチェックしています。

> 【例】ＥＳによると、オンラインを利用してクラブ活動をされていたとのことですが、対面とは違いかなり大変な部分が多かったのではないですか。

> なかなか賛同してくれない仲間に対してどのように対応しましたか。

> チームワークを大事にされてきたのですね。あなたにとってチームワークとは、どのようなものですか。

ココが POINT

「自分」をしっかりと把握しよう

以上のように質疑応答によって深掘りされていきますので、日頃から過去から現在に至って自分を把握しておくことが大切です。どのような内容の質問であっても答えられるように、自己分析を何度も振り返りましょう。
次頁の質問に書き込んで掘り下げて考える練習をしてみましょう。

質問1	以下の質問に沿って書いてみましょう。

① あなたが日々を過ごす中で、どんな出来事がありましたか。
　（小さなことでも構いません）

② その際、どんなことを感じたり、考えたりしましたか。

③ なぜ、そのように感じたり、考えたりしたのでしょう。

④ そのように感じた自分をどう思いますか。

展開	上記で書いた内容について、「○○だから、○○と思った。考えた」という言葉を用いて、2, 3行で要約してみましょう。

質問2 以下の質問に沿って書いてみましょう。

① あなたが「ありがとう」の気持ちを伝えるとしたら、誰に1番伝えたいですか？

② それはなぜ？

③ あなたにどんな出来事があって、「ありがとう」を伝えたいと思うようになったのでしょうか？

④ 「ありがとう」を伝えたいと思う自分を客観視してみて、どのように感じていますか？

展開 この内容を誰かに伝えるために3行くらいにまとめてみましょう。

伝わるポイント

伝えたいことは何かを明確にすること、その理由が入っていること。

| 質 問 | 以下の質問に沿って書いてみましょう。 |

① 今世界で起きている出来事で、１番関心があることは何ですか？

② なぜ、それに関心があるのですか？

③ なぜ、そのようなことが起きると思いますか？

④ 今改めて考えたとき、これまでとは違う何かに気づきましたか？

| 展 開 | その出来事を考えることを通して、自分のどのような感じ方、考え方に気づいたか、誰かに伝えるために３行くらいにまとめてみましょう。 |

仕上げ	下記の質問、あなたならどのように答えますか。

「コロナなどによりフライト以外のことをするかもしれないが、それについてどう思いますか？」（JAL面接質問より）

▼

「○○だから○○と考えた」という言葉を用いて、2, 3行で要約してみましょう。

3　客観的視点を持つと面接が怖くない

次のように客観的視点を持つと、面接も怖くありません。

［1］自分は選ばれる存在であるとともに、選ぶ存在でもある

この会社に入りたい！ と思うばかりではなく、「自分も選ぶんだ」と自覚すれば、面接におびえることもありません。

［2］自身の働く姿を常に想像する

あなたはCA、GSとなってどんなことをしたいですか？

CAは、なった後の機内での接客やステイ先での楽しみなど想像していきましょう。

GSは、飛行機へお客様をご案内している姿、活気ある空港を走り回る自分をイメージしましょう。

［3］面接の時間を2度とない「ひととき」と捉える

まさに面接は一期一会です。たくさん面接を受けても、この瞬間は二度とやってこない。取り戻すことはできない。だからこそ、このひとときを楽しむ、ワクワクする気持ちで臨むことが大事です。

4　聴き方も重要

　接客で大事なことは、相手の立場になって話を聴くことができるかどうかです。

　1次・2次・3次すべての面接で、この態度は高い重要度を持ってチェックされています。

あなたの聴く力をチェックしよう

　自分だけでなく、他人にもチェックしてもらいましょう。

　〔いつも…○　時々…△　しない…×〕

　×が付いた項目は、○になるように聴き方上級者を目指しましょう。

チェック項目	自分	他人
人の意見や言葉にじっくり耳を傾ける方だ		
ゆっくりうなずきながら相槌をうつ （そうなんだ、そうか、なるほど、など）		
体の向きや前傾姿勢など、相手に合わせる		
相手が何を話したいのか、話の要旨を捉えながら聴く		
相手の気持ちを考えながら聴く		
話の途中で自分が話し出さない		
適時、適切に質問する		
相手の話に共感する		

（『レッツ、ホスピタリティ！〜心を伝えるコミュニケーション能力の磨き方』より）

目は口ほどにものをいう　目線のコツ

　面接は、「質問される」「試される」と思いがちですが、視点を変えれば、あなたのポテンシャルを伝える絶好のプレゼン機会です。

　自分をアピールしなくては、と自分中心で考えるよりも、あなたに「搭乗客にサービスしてほしい、一緒に機内で仕事をしたい」という印象を与えるにはどうすべきか——いわば相手（面接官）中心を意識しましょう。

　入室直前からまず大事なのは、アイコンタクトです。空港で素敵だなと思ったCA、GSを思い出してください。どんな目線で同僚やお客様に接していたでしょうか。自信を感じさせ、信頼感を与え、優しさを伝えるのが目線の役割と言ってもいいかもしれません。いつも温かな目線やアイコンタクトを取るにはどうすればよいか、日頃から考え行動しましょう。

1. 入室した瞬間、「感じが良いなぁ」と思ってもらうために

　椅子の前で立つ・あいさつする・座る時も、楽しそうな表情から生まれる、その柔らかな目線とアイコンタクトで。目はキラキラをキープします。（事前に鏡でチェック！）自身の質疑応答の時は、「はい」という頷きの時も常にポジティブな人柄を伝えます。

2. 目線を外したいときは、面接官の口元を見る

　以前は「ネクタイの結び目を見る」と言われていましたが、少し目線が下がりすぎるため、口元くらいがちょうどいいです。ずっと面接官の表情を見ていても構いませんが「面接が楽しい」気持ちを表現しましょう。

3. 問答のなかで自分が伝えたい大切な部分では、目線を合わせる

　しっかり相手の目を見てしまうときつい印象を与えてしまうかも、と心配の場合は、相手の目の奥のほうをやんわりと見るようにするとよいでしょう。

4. 黙っているときこそ目線に気を配る

　集団面接の時など、他者が話をしている時は共感する気持ちが大切です。必ず頷きながら聞いている姿勢を大切にしましょう。

5. 答えに詰まって考える時は、少し斜め下に落とすくらいで、上に目を動かしたりはしないでおきましょう。

　目の前の面接官は、搭乗客の目線で、共に働く仲間としてあなたを見ています。
　機内で一緒に働いている自分をイメージして、頑張ってください！

執筆：神戸学院大学経営学部准教授　相島 淑美

13 グループディスカッション対策

グループディスカッションからは、チームワーク、気配り、客観視点、リーダーシップなどが見えてきます。コロナ禍でオンライングループディスカッションが増えましたが、今後も対面型とオンライン、それぞれの特徴を踏まえた上でどちらの形態になっても対応できるようにしっかりと練習しておきましょう。

I グループディスカッションに強くなる

① グループディスカッションとは

グループディスカッション試験では面接官2名に対し、受験者は5〜6名
● 時　間:10分、15分、20分
● 進め方:テーマ（問題）が与えられ、そのテーマに沿って、集まったメンバーと時間まで話し合う。※最後に発表する場合もある。

② グループディスカッションの種類

航空会社で取り上げられる形式には、以下のようなものがあります。

［1］自由討論形式

あるテーマ（問題）で時間制限まで自由に話し合う。2019年JALはこの形式。
最後に発表する場合、しない場合がある。
【例題】社会人と学生の違いは

［2］ディベート形式

あるテーマ（問題）について、賛成か反対か、どちらかに分かれて討論。
★JALは2018年までこの形式を採用。ただ、両者に分かれてディベートすることは求められず、お互いの意見をどこまで理解しあえるかに重点を置いている。
【例題】朝食はご飯派か、パン派か

［3］グループワーク形式

受験者全員で分担して作業を行い、制限時間内で結果を出し発表。
【例題】外国人を5泊6日で日本に招待。ANA機を使って日本の観光地を案内する旅程を考える

③ 面接官は何をチェックしているのか

　集団面接や個人面接では分かりにくい受験者の部分をチェックするために、グループディスカッションを使います。1次面接試験で行われることを考えても、**ＣＡ・ＧＳの基本適性のチェック試験**と言えます。

質問	面接官はグループディスカッションで何をチェックするのでしょうか。

あなたの考え

8

面接試験対策

考えるヒント ●

① 対人関係能力……これは人間関係の基礎であることと、ＣＡ・ＧＳは接客のプロであること。
② コミュニケーション能力……
　● 表情や態度から、親しみやすさを表出し相手が話しやすい雰囲気を醸し出す力。
　● 会話において言葉から旅客の気持ちを読み取る力、楽しい会話から旅客に満足感をもたらすこと。
③ チームワーク力……
　［ＣＡ］機内でのサービス時、緊急時にチームワークの発揮が求められる。
　［ＧＳ］当日のフライト担当者間で常に情報を共有。チームワークが安全・定時運航に欠かせない。
④ 論理的思考力……常に結果には原因がある。その原因は何なのかをどんなことについても考えるようにしておくと、物事の真相をつかみやすい。
⑤ 客観的視点……物事を広く冷静に見る視野を持っていると、常に何が大事か理解できる。また常に自分はどうあるべきかも理解できる。

④ グループディスカッションに臨む心構え

　グループディスカッションは１次面接試験で行われることが多く、あなたが、まさに企業と初めて出会う場面です。ＣＡの飛行前のブリーフィングでは、自己紹介・飛行プランやお客様の情報共有・サービスプランの確認などを短時間で行いチームワークをとります。初対面のＣＡ同士のあいさつや笑顔は、機内に入る前から始まります。**グループディスカッションでも、このような場面をイメージしてモチベーションを上げて臨みましょう。**

　また**ＧＳは、その仕事の多くがチーム連携によって行われます。**飛行機を定時に離陸させるためには、ＧＳ同士の連携はもちろんですが、運航乗務員や客室乗務員、グランドハンドリングや整備等、様々な職種の人とも一瞬でコミュニケーションをとらねばなりません。**グループディスカッションでは、どんな場面でもチーム力を発揮して対応できるあなたをイメージしましょう。**

⑤ グループディスカッション入室前のポイント

　同じメンバー同士、入る前に仲良くなってできれば皆で役割分担を決めておくのも良い。仲良くなっておくとディスカッションしやすく笑顔も出やすいことから、あまり緊張せず面接室に入れる効果もあります。「みんなで受かろうね！」の精神を。

⑥ グループディスカッションでの役割とすべきこと

　採用担当者からの事前の説明に従い、時間内に進めましょう。自己紹介→役割決め→ディスカッション→まとめ→発表（進め方の一例）という流れがありますが、最終の目標はグループとしての「最良の結論」を出すことです。

役割	やるべきこと	さらに、意識してみよう
リーダー	● 意見をまとめる ● 同意をとりながら、場の進行を行う	● タイムキーパーや書記に対しての目配りや補助
タイムキーパー	● 時間を計る	● タイムマネジメントを行う 例）只今○分経過、残り○分になりましたので、そろそろまとめに入りませんか？
書記	● 意見をメモする ● 発表者になる可能性もある	● 書くことだけに追われないで、顔をあげて発言すること
発表者	● アピール度は大きい	● 笑顔と大きな声で話す ● まずは結論から。その後に、「理由」「具体例」「まとめ」とすると伝わりやすい

⑦ グループディスカッション時のポイント

① 話の流れを冷静に見つめ、適宜方向修正をする。
② 他者が話をしているときは笑顔でうなずき、しっかり聞いている印象を。
③ 聞き上手であることが基本ではあるが、発言もしっかり行うこと。
④ 全く発言していない人への配慮を怠らない。
⑤ 司会者ばかりを見て話さず、まんべんなくメンバーを見て話すことも大事。
⑥ 自分の日常が出やすいため、学生言葉や癖に気をつける。
⑦ 話に夢中になると姿勢がくずれるので注意すること。

ポイント

どのようにすれば議論が進行するか、瞬時に考え行動を起こす！

- 口火を自分が切る
- 自分のエピソードを入れてみる
- まだ話してない人に振ってみる
- 話の論点を変える提案をする

⑧ オンライングループディスカッションの注意点

① 通信トラブルや音声トラブルが起こらないよう環境を整えること。背景の映り込みにも要注意。
② 事前に皆でコミュニケーションをとる時間がないため、スタート時の自己紹介で全員の名前と顔を確認しメモをとる。
③ 画面越しで相手の表情や反応が読み取りづらいので、笑顔や相槌は、対面のとき以上に意識する。
④ パソコンのカメラの位置を、相手から見て、自分の視線の位置（アイコンタクトが取れているように見える）がちょうど良いところに定まるように、調整すること。

ココが POINT

オンライン面接については、Section08.09 に解説しています。ぜひ、お読みください。

⑨ グループディスカッション後のポイント

グループディスカッション後に、

● 人の意見を聞いて考えは変わったか

● AかBの究極の選択を迫られた経験は？

などの質問があります。

また、その間に話したことが全てメモされていて、そこから質問されることもあります。

グループディスカッション終了後も、役割で気をつけていたことや、自分の発言内容についても意識をしておきましょう。

質　問	あなたのグループディスカッション対策について書いてみましょう。

2　グループディスカッション　想定問題集

　ここまで学んできた「グループディスカッション対策」を参考に、以下の問題について考えて練習しておきましょう。準備が大事です。

　（グループディスカッションは毎年行われるとは限りません）

> **ココが POINT**
>
> 「グループディスカッション」の形式は……
> 「自由討論形式」「ディベート形式」「グループワーク形式」の
> 概ね3種類のタイプに分けられます。

8

面接試験対策

❶ CA職試験 グループディスカッション想定問題 (抜粋)

【1】自由討論形式
- ●○○（企業名）のCAに求められる要素
- ●○○（企業名）らしさとは
- ●○○（企業名）が他の企業とコラボレーションするならどのような内容にしますか
- ●○○（企業名）が女性に、より利用してもらうためには
- ●○○（企業名）の新しいキャッチコピーを考えてください
- ●2025年の大阪・関西万博に向けて○○（企業名）としてできることは
- ●女性の旅行を促進する新しいサービスを考えてください
- ●機内の飲み物を有料にすべきか

【2】ディベート形式
- ●人生において大切なものは、お金か時間か
- ●ペットを買うなら犬か猫か
- ●健康に必要なのは睡眠か食事か
- ●今住むなら都会か田舎か
- ●飛行機に乗るなら窓側 or 通路側
- ●機内で過ごすなら寝る or 映画を観る

【3】 グループワーク形式

● ※各自異なる内容が書かれたカード（自分の持ちアイテムは言わずに）を元に、10分〜15分間で話し合い、終了後1〜2分の発表

1. 砂漠に2つ持っていくとしたら、リストから2つ選びワーク
2. 新しい星に何か持っていくとしたら何にするか（役割りを決めワーク）

● 月に宇宙船が不時着し、あなたが乗っている宇宙船は大破しました。母船までの距離は320キロあります。宇宙船の中にある15個のものに必要なもの順に1〜15番まで順位をつけてください。

①太陽熱式FM式受信機　②マッチの入った箱　③磁石　④粉ミルク
⑤水（19ℓ）　⑥酸素ボンベ（45キロ）　⑦45口径銃（2丁）
⑧月から見た星座表　⑨宇宙食　⑩ナイロン製のロープ（15メートル）
⑪救急箱　⑫いかだ　⑬照明弾　⑭落下傘の綿布　⑮携帯型暖房機器

● 16枚に分かれている絵の片を皆で話し合って、1枚の絵に完成させる

● 参加者にそれぞれ説明文があり、30枚の紙で高いタワーを作りなさい

気になるポイントを書き出しておきましょう

【1】自由討論形式

- ●○○ (具体名) 空港をストレスフリーな空港にするには
- ●○○ (具体名) 空港の新サービスを考えよ
- ●○○ (具体名) 空港にキャッチフレーズをつけるとしたら
- ●○○ (具体名) 空港をPRするCMを30秒で作る
- ●○○ (企業名) のCMを作ってください
- ● 未来の空港にあるサービスとはどんなものがあるか
- ● 高齢者の搭乗率をあげるのはどうしたら良いか
- ● 一機の飛行機を定時に飛ばすには何が必要だと思いますか
- ● 安全意識を高めるために、どのような教育をしたら良いか
- ● 機内にあったらよい設備
- ● 働くとはどういうことでしょうか
- ● いい会社とはどんな会社ですか?
- ● 日本らしさとは何か
- ● 日本の良さを外国人に知ってもらうためには
- ● 外国人に紹介する日本のマスコットキャラクターとは?
- ● 友人にお勧めする観光地ベスト3
- ● もし修学旅行に行くならどこに行きたいか
- ● 地域貢献を行う上で航空会社が取り組むことは何か
- ● あなたの街の商店街を活性化させるためにどんなお店を出店しますか
- ● この会社でアイドルグループを作ることになりました。そのアイドルの条件とは
- ● 架空のテーマパークを作るとしたら、どのようなものにしたいか
- ● この4人でシェアハウスするならば、どのようなルールを作るか
- ● 学校で新しいイベントをすることになりました。どんなイベントを開催しますか

【2】 ディベート形式

- 飛行機になるなら窓側か通路側か
- 夏休みに行くなら国内 or 海外
- 仕事かプライベート、どちらを大切にするか
- 東京で北海道物産店を開催するならどのような店を出店しますか？
  ラーメン店 or スープカレ

【3】 グループワーク形式

- あなたはある旅行会社の企画部です。すべての部署において売上を15％
  上げる案を出す指示があったが、国内旅行部から提出がない。そこで企
  画部が国内旅行部に、現実的かつ挑戦的な案を3つ考えて提案しなさい。
- ○○（企業名）のCAになったとして、利益を上げられるような機内販
  売の商品を考える〔新規就航路線を考えてください（発表あり）
- 紙とコップと割り箸でタワーを作る

まとめ

CAもGSも、グループディスカッションでは、どんな場面でも周りと良いかか
わり方ができる人かどうかが見られている

● **自由討論形式では……**

業界や企業に対する理解、仕事観やサービスについてが、題材になるケースが多くみ
られます。企業研究をしていないと、具体的な発言ができず、話しが発展しにくい場
面もあるでしょう。機内でや空港でどのようなサービスをしているか、就航地や路線
などもしっかり確認しておきましょう。

● **ディベート形式では……**

「それを選ぶ理由」が何か自分の考えを論理的に発信することが大切です。その上で、
ディスカッションの中では、意見の違う人と対立するのではなく、お互いに接点を見
出しながら結論に導く姿勢が求められます。

● **グループワーク形式では……**

チームビルディングに関するワークが多く取り入れられることにより、協調性や、チー
ムワーク力が見られます。

**どの形式でも、CAもGSも、どんな場面でも周りと良いかかわり方ができる人が好ま
れるのは、他業界に比べ多種多様な人々と関わるエアライン業界ならではでしょう。**

第9章
面接試験想定問題

ＣＡ職面接試験　想定問題

過去の質問を一つ一つチェックしていくと、面接官が聞きたいことや知りたいことが理解できるようになり、質問対策が立てやすくなります。

面接の想定問題を分類分けしています

想定問題を 1 ～ 12 の ポイント別に分類しました。面接官が聞きたいことや知りたいことを理解しながら、対策を練っていきましょう。

Section1「面接質問から読み解く内定への道」も参照してください。

① 自己紹介、自己ＰＲ、志望動機・志望理由を問う

- 自己紹介と志望動機
- 自己紹介と自己ＰＲ（１分程度、２分程度）
- 自己紹介、自己ＰＲ、志望動機をまとめて
- １分間で自己ＰＲ
- 自己紹介と共に最近嬉しかったこと
- どんな自分を活かせるか
- あなたを採用しないと損をする！と思わせるようなＰＲをしてください
- これだけは誰にも負けないあなたの強み
- 志望動機
- 志望動機を英語で
- 学生時代培った軸
- 就活の軸とその軸が当社と結びつくところ
- 自分を表す漢字一文字を含めて自己紹介
- 取得している語学資格について
- 趣味について
- 趣味・特技について
- アルバイトについて
- 現職について（既卒者）
- 現職の志望動機（既卒者）

ココが POINT

自己紹介、自己ＰＲ、志望動機は面接の３大ポイントです

異なる設問であっても、知りたい根幹はほとんどがこの３つの質問が基本です。なぜその企業と仕事を選ぶのか、学生時代、また現職でどのように頑張ってきたのか、その時に活かしている自分の強みは何か、具体的な例を挙げて話すようにしておきましょう。

❷ 仕事を通してどのような人生を歩みたいかを問う

- 当社に入ってからのキャリアプラン
- ５年後、10年後当社で何をしていたいか
- 30年後のキャリアプラン
- 将来はどのような人になりたいか
- 強み弱み→弱みを今後どのようにして完全にしていきたいか
- ＣＡとしてどのようなチャレンジをしたいか
- コロナ禍だけどなぜＣＡを目指そうと思ったか
- 機内でしてみたいサービス
- 当社に入社して何がしたいか
- 当社でどう輝けるか
- 女性が活躍するためには？ ライフイベント以外で
- キャリアプランについて
- 希望の〇〇担当になれなかったらどうするか
- 留学していたとあるが、当社機は国内のみだがギャップは感じないか
- どんな上司と働きたいか
- 地上での仕事があっても大丈夫か
- もし出向を命じられたらどうするか
- 他部署でもやっていけるか
- もしＣＡ以外の仕事がしてみたくなったらどうするか
- 当社ＣＡ以外で挑戦したいことは？
- なぜ今の会社を選んだか（既卒者）
- 現職を捨ててまでなぜＣＡになりたいのか（既卒者）
- なぜ〇〇系専門職からＣＡか（既卒者）

ココが POINT

長期的な視点で自分の人生をイメージしておくことが大切です

単なるあこがれではなく自分の強みを生かすことで仕事にやりがいを感じ、仕事に楽しさを見出していけるのか。また、この仕事を通して将来どのようでありたいのかを問うことで、簡単に辞めずに仕事に携わり、充実した人生を送るとともに会社に貢献できるかを見ています。

3 業界・会社・職種への理解を問う

- なぜ航空業界を志望するのか
- なぜこのような時期に、なぜあえて航空業界か
- コロナやウクライナ情勢などのイベントリスクがあるのに、なぜエアライン業界か
- 現職もイベントリスクの高い業界で、それでもまだ同じような航空業界にどうして入りたいか（既卒者）
- 現職を辞めてまで、なぜＣＡになりたいのか
- コロナを経て今の航空業界について
- 50年後の航空業界はどうなっていると思うか
- 当社機に乗ったことはあるか。どう感じたか
- 当社のＣＡになってしたいこと
- ＣＡを目指すようになったきっかけ
- ＣＡになるイメージはついているか
- ＣＡを目指す理由と、どんなＣＡになりたいか
- どんなＣＡになりたいか→それが当社でしかできない理由
- どんな目標をもってＣＡになりたいか
- ＣＡとしてやりたいこと（これまでの面接で伝えたこと以外で）
- ＣＡとしてどんな気持ちを大切にしたいか
- 弊社のＣＡの欠点
- 今のあなたが思う、保安要員として大切な資質
- 海外旅行で利用した航空会社とＣＡの改善点
- コロナ禍だけどなぜＣＡを目指そうと思ったか

ココが POINT

航空業界→航空会社→職種というように知識を進めていきましょう

そもそも皆さんは、航空業界を目指す、というよりも航空会社そのものを目指すということばかり考えていませんか？ ですがその「航空会社が存在する航空業界とはいったいどのような業界で、どんな役目を担っていて、どのように社会に貢献しているのか」その理解に関する質問も多く出ます。
航空業界→航空会社→職種というように知識を進めていくと自分の立っている場所がより明確になります。

4 受験しようとしている会社への理解度を問う

● 行きの飛行機でのサービスについて
● 当社CAの欠点
● 当社の既存のサービスをあなたならどう変えるか
● 当社のイメージ
● どうして当社なのか
● なぜ地元の航空会社ではなく当社か
● 数ある航空会社の中でなぜ国内線の当社か。良さは何か
● 今の会社の良いところ、改善できるところ（既卒者）
● 当社のホームページでの改善点
● 企業を選ぶ上で何に重きを置いているか
● 新しい機体の色は何が良いか
● お客様から選ばれる会社になるために取り組みたいこと
● 小型機だけど当社でどんなサービスがしたいか

ココが POINT

会社への理解度・本気度を確認しています

「当社の志望動機を聞かせてください」。これは、ＥＳと共に必ずどこかの試験段階で聞かれる質問です。他企業との競争が激しい航空業界ですから、本気で当社を目指しているのか、単なる憧れだけではなく、本気でＣＡとして貢献できるのかを見ようとしています。

5 考え方や視野について問う

● 航空関係で最近気になったニュース
● 最近気になるニュース
● 航空関係で最近気になったニュースから機内に生かせることは
● 当社の最近のニュースで何か知っていることは
● 故郷の紹介
● お勧めしない観光地は自分が変わったと思ったこと
● チーム内で対立したらどうするか
● 留学から帰って

ココが POINT

広く知り考える姿勢があるかどうかを確認しています

広い視野を持つことは、この仕事をする上で特に大切です。
グローバル化・多様化が広がる中、様々なお客様を受け入れる素地を持つ人が求められます。これらの質問を通じ、広く知り考える姿勢があるかが問われます。

9

面接試験想定問題

6 自ら考える力を問う

- 考えてから行動するか、行動してから考えるか
- もし機内で問題が起きた時、あなたが大事であると思うことは何か
- どのようにして保安を体現していくか
- 海外経験から感じた日本文化の魅力
- 留学で語学力以外に得たこと
- 今日来てから面接までの感想
- コロナで気がついたこと
- どんな仕事をしているのと聞かれたらどう答えるか
- 写真を見てゴーヤチャンプルの説明を英語で
- グループディスカッションの感想
- 今、面接の中で意識していることは
- チームの中でモチベーションが低いメンバーがいたらどうするか
- 感謝の体現はどうしますか

ココが POINT

広く知り考える姿勢があるかどうかを確認しています

あなたはどう思いますか？ 大切にしていることは？ こんなときどうするか？
など日頃考えて行動しているのか、どのようなことを大切にしながら行動して
いるのか、意識をしながら、また価値観を明確にしながら日々生活をしているか。
質問を通じ、このようなことを確認します。それは、お客様へ考え、工夫しな
がら接することや保安任務につながるからです。

7 自己の理解について問う

- あなたを動物に例えると。また一緒に働く仲間にどの動物がいたら嬉しいか
- 今までの失敗談→その時の自分に一声かけるなら
- コミュニケーションをとる上で困難だと思った経験→どのように対処したか
- 人に影響を与えた言動
- あなたを採用しないと損をする、と思わせるようなＰＲを
- 誰にも負けないあなたの強み
- 強みとエピソード
- 自慢できること
- その挑戦は今のあなたにどう活かされているか
- ＣＡで生かせる自分の強みについて
- ＣＡになって自身の足りないと思うところ
- 当社のＣＡとして生かせる力（どうやって身につけたのかを含めて）
- 長所とそれを生かしたエピソード
- 長所と短所を５個ずつ

- 課題があった時、一人で取り組む方が良いか、仲間と取り組む方が良いか
- 仲間で行動することが好きみたいだが、現職では個人の売り上げで勝ち負けなどは気にならないタイプか
- チャレンジした内容について困難だったこと
- ボランティア活動で苦労したこと、その乗り越え方
- 以下の3つのシチュエーションの中で1番ストレスに感じるものと理由
  → 急きょ大勢の前でプレゼンテーションをすることになった
  → 急いでいるのに渋滞している
  → 友人が旅行に行く時にペットを預けにきた
- 人間関係で困ったこと
- 考えて行動する・行動する前に考える、のどちらか
- 考えてから行動するか、行動してから考えるか→考えてから行動して失敗したこと
- ＣＡになる上で大切な責任感は何か→あなたは持っているか
- アルバイトで自分が行った良いサービス・悪いサービス
- 挫折経験とそれを乗り越えた方法について
- 明るい性格のきっかけ
- 人生で一番嬉しかったこと（全員共通）
- 人生で一番辛かったこと
- 短所とそれを改善するためにしていること
- 強みと弱み。今後弱みをどのように克服していきたいか
- 自分の弱みとその改善策
- 短所とその短所で周りに迷惑をかけてしまったこと
- ＣＡにおいてあなたの弱み
- ＣＡになって自分の向いていないところ
- コロナ禍で大切にしていたこと
- あなたを色に例えると
- 〇〇検定について、なぜとろうと思ったのか
- 現職での失敗は（既卒者）
- 現職から生かせる強み（既卒者）
- 現職からＣＡに生かせる強み（既卒者）
- 学生から社会人になって変化したこと（既卒者）
- 周りからどんな人だと言われるか

ココが POINT

自己理解ができていると、どのような質問にも答えられるようになります

就活の初めは自己分析からですね。そこから自己理解が深まります。自己理解がしっかりできていると、なぜＣＡか、どんなＣＡになりたいかなどどのような質問にも答えられるようになり、素直なありのままの自分を表出できるようになります。面接ではあなたを理解するために、自己理解を問う質問が多く出されます。

⑧ ポジティブ思考かどうかを問う

- 今、頑張っていること
- 当社への熱い想い
- コロナ禍の挑戦について（2分）
- 諦めず頑張ることができたモチベーションは何か
- チャレンジしたこと
- その挑戦をしようと思ったきっかけは
- 学生時代力を入れて取り組んだこと
- ＣＡとして挑戦したいこと
- 何かに挑戦して結果を残したこと
- 今までに新しく挑戦したことと、その時の困難と、なぜ挑戦したか
- わくわくするために挑戦していること、あるいは挑戦したこと
- 新しいことに取り組んだ経験と、その中での人との関わり方について
- 新しい挑戦をするときどんな思いか
- 「新しいことに挑戦してください」と言われたときのファーストインプレッション
- 周囲の人と協力して何かを成し遂げたこと
- あなたが考えるリーダーシップとは
- 自分の意見やアイデアを他の人に伝えられるか
- チームでどのような役割を担うことが多いか
- チームでの役割
- チームで成し遂げたこと
- チームで働く上で大切なこと
- チームで非協力的な人がいた時はどうするか
- 自分の意見とチームの方針が異なるときはどうするか
- チームワークを発揮したこと。その時協力してくれない人がいたら？
- チームでハプニングが起きた時、どのように解決するか
- チーム力を育むために、あなたはＣＡとしてどのようなチャレンジをしたいか

ココが POINT

ポジティブに捉えられる人が求められています

会社を取り巻く環境が大きく変化するなか、ポジティブに捉えられる人が求められています。ポジティブ思考は良いことがたくさんあります。面接においても、どんなことも頑張っていれば結果はついてくる、私ならできる、やってやれないことはない。何とかなる！受ける時はこの気持ちでいることです。積極性も、飛び込んでいく姿勢もこの気持ちが伝わります。

- 入社したら自分より年上の人と働くことになるけど大丈夫か
- 当社は2人乗務だが先輩が何か間違っていたら伝えられるか
- もし私と乗務して、私が間違っていたらどうするか
- 苦手な相手にどう接するか
- 現職でチームワークを発揮したこと（既卒者）
- 現職でコロナ禍で大変な中、どんなことを工夫したか（既卒者）
- 現職のコロナ禍で1番苦労したこと（既卒者）
- 前職のやりがいとストレスは何か（既卒者）
- ここまで緊張したか

⑨ ホスピタリティマインドが身についているかを問う

- 経験の中で1番ほっと温まったエピソード
- 周囲からもらったアドバイスで印象に残っている言葉
- 周囲の人でこの人の対応いいなと思った経験
- 周囲の人との関わりで大切にしていること、それを今後どう生かすか
- 最近、誰かに感謝の言葉をかけましたか
- 感謝の体現はどうする？フライトの短い中では？
- ＣＡとしてどんな気持ちを大切にしたいか
- 機内では小さな気づきが大事だが、些細なことに気づくということは得意か
- 後輩と接する際に気をつけていること
- 先輩が疲れている顔をしていたらどうするか
- チームの中でモチベーションの低いメンバーがいたらどう接するか
- クレーム対応について
- クレームを受けたことは？機内でクレーム受けたら？
- 機内でお客様がもめたらどうするか
- 現職で難しかったお客様にどうやって対応したか（既卒者）

ココが POINT

具体的にエピソードをまとめておきましょう。

接客を単に仕事と考えるのではなく、どうすればもっと喜んでいただけるか、笑顔になっていただけると考え行動することからホスピタリティは生まれます。アルバイトや仕事で実行している人は、具体的にエピソードをまとめておきましょう。日本ではおもてなしと言われることが多いですが、あなたにとって、おもてなしとは何かを考えておきましょう。

⑩ 心身共に健康に保っているかを問う

- 健康自慢
- 健康管理法は
- 自分が落ち込んだときはどうするか
- ストレスの発散方法を一つだけ教えて
- ストレス発散法
- 生活の中で健康に気遣っていることはあるか
- 不規則な生活だけど大丈夫ですか

ココが POINT

自己管理できることが特に求められる仕事

日頃より健康や食事に気をつけ自己管理をすることは、仕事を全うするためにもとても大切です。フライトでは立ち仕事が多いことや、国際線ともなると時差があります。そのような状況で仕事をするため、自己管理ができることがプロとして仕事をすることにつながります。

⑪ 社会人としての考え方や行動を問う

- 社会人とは
- 将来、どんな人間になりたいか
- 社会人になるにあたって大切だと思うこと
- 人と接する時、大切にしていること
- 生活する中で大切にしていることは
- 現職や日常生活で大切にしていること

ココが POINT

社会を構成する一員としてのあなたを見る質問

人としてきちんとしていることは、全ての行動の基本であり、あなたの人柄そのものとしてみられます。社会を構成する一員としてどのようなことを大切にしているか、周りの人とどのような関係を持ち社会の中で生きているか、その人の魅力を問う質問です。
既卒受験の方は、社会人として何を大切に思い、考えて行動しているかを問われます。

⑫ 就活状況についての確認

- 現在の選考状況
- 他社を受けていますか？
- 他企業から内定をもらっていますか
- 違う業界を受けているのはなぜですか
- 当社への想いを今一度アピールしてください
- 他社（競争相手）の志望動機を話してください
- ＧＳは受けていますか

ココが POINT

内定後、本当に当社を選ぶのか本気度最終確認

本当に入社してくれるのか、最終試験では聞かれることが多い質問です。採用人数は、先の運航予定に支障をきたすこともある重要なことだからです。
また、全く違う企業などを受験している場合は、その理由を問われることもあります。答えに正解はありませんが、正直に答えた方が良いでしょう。他社を受けている場合は必ず「御社が良い」ことを理由を持って明確に伝えましょう。

⑬ 最後に一言

- 言い残したことやこれだけは伝えたいことがあれば 30 秒で
- 面接官に逆質問を
- 最後に伝えたいことあれば
- 最後にひとこと

ココが POINT

「入りたい！」という強い想いを伝える最後のチャンス！

最終面接でこの質問があったら、「まさに自分は今までこのために頑張ってきたんだ！」という思いを伝える絶好の機会です。これまで自分を出し切れていないと思うこともあるでしょう。落ち着いて、でも熱く、企業への想いと、自分は役に立てることをしっかりアピールしてください！

練習をして、自信を持って面接に臨みましょう

質問対策のポイントは、あなたが答えた内容に対して、面接官が更にどんな質問をしてくるのかを想像し、そこから深く自ら掘り下げていくことです。
あとは、自信を持ってポジティブに臨みましょう！

GS職面接試験　想定問題

過去の質問を一つ一つチェックしていくと、面接官が聞きたいことや知りたいことが理解できるようになり、質問対策が立てやすくなります。

面接の想定問題を分類分けしています

想定問題を 1 〜 12 の ポイント別に分類しました。面接官が聞きたいことや知りたいことを理解しながら、対策を練っていきましょう。

Section1「面接質問から読み解く内定への道」も参照してください。

① 自己紹介、自己PR、志望動機、志望理由を問う

- 自己PRと志望動機
- 自己紹介（１分程度）
- 志望動機（会社と職種を合わせて１分）
- 志望動機（なぜ当社なのか）
- 自己PRと志望動機（２分）、自己紹介（30秒）
- 名前と志望動機と今後のビジョン（１分）
- 志望動機、希望部署とその中でもやってみたい業務
- 自己紹介（名前のみ）＋グループディスカッションの感想
- 自分らしい写真について
- ESに貼付したスナップ写真について質問
- ESに貼った写真を選んだ理由
- あなたを家電に例えると
- あなたを色で表すと
- 自分を家具に例えると
- 現職の業務内容について（既卒者）

② 仕事を通してどのような人生を歩みたいかを問う

- 5年後のキャリアプラン
- 10年後のビジョンは？
- 10年後どうなっていたいか
- 5年後、10年後どんな働き方をしていたいか
- 5年後、10年後のキャリアプラン
- 夢はなんですか
- 今の夢は
- どんなビジョンを持って当社で働きたいか
- 当社でどんな働く姿をイメージしているか
- 志望理由。どのように会社に貢献するか、将来取り組みたいこと
- 就職したらどのようなサービスを企画し提供したいか

- ＧＳとして働く上で大切にしたいこと
- どんなＧＳになりたいか、キャリアビジョン
- なぜ、ＣＡでなくＧＳか
- 希望職種の確認。どのようなＧＳになりたいのか
- 総合職採用だが、希望の部署に行けなかった場合大丈夫か
- 他の部署でも大丈夫か
- 志望職種以外でも大丈夫か
- 希望職種でなくても頑張れるか

③ 業界・会社・職種への理解を問う

- 空港で働く魅力と大変だと思うこと
- なぜ、航空業界なのか
- なぜコロナ禍でも航空業界なのか
- 企業を決める時、何を基準に決めるか
- 就活の軸
- なぜＧＳを仕事にしようと思ったのか
- ＧＳに興味を持ったきっかけ
- 旅客サービスの志望理由
- 今後の空港での仕事はどうなると思うか
- ＡＩ化が進む中、今後空港はどうなっていくと思うか
- 未来の空港のサービスにはどんなものがあると思うか
- 空港は自動チエックイン機の導入がすすんでいるが、それについてどう思うか
- オンラインチェックインを推進するためには
- 機械化が進んでいるが、そこで貢献できること
- ＡＩ化が進む中でＧＳができることは（挙手制）

ココが POINT

❶自己紹介、自己ＰＲ、志望動機、志望理由を問う

自己紹介・自己PR、志望動機は、面接の中で問われる基本質問です。自己分析から導き出した自分の特徴と企業とマッチする点を考えておきましょう。また、提出写真に関連した質問も多くあります。写真を通して自分らしさを伝えましょう。

❷仕事を通してどのような人生を歩みたいかを問う

GSという職種を総合職として位置づけをしている会社もあります。他、職種ではなくなぜGSか、その会社ではどのようなところで貢献が求められているのか、などを事前にリサーチしておきましょう。

❸業界・会社・職種への理解を問う

AI化により、今後もサービスが変化する空港でGSとして働くということはどういうことでしょうか。機械化と人間のするサービスについてあなたの考えを聞く質問も最近の傾向です。

❹ 受験しようとしている会社への理解度を問う

- なぜ当社か
- 当社のイメージは
- 当社を一言で表すと
- 当空港の魅力は？
- 当社の志望度の高さは？
- 当社と他社の違い
- 他社にあって、当社にないもの
- 当社の改善点は何か
- 当社に対し、「やってみたい新サービス」を提案してください
- 当社について気になるニュース
- 当社のGSに対するイメージは
- なぜ当社のGSか
- 当社の機内でも空港のことでも、改善するべき点やあったらいいなと思う サービス
- なぜステーションオペレーションを目指しているのか
- 第2志望のグランドハンドリングの志望動機
- ○○空港で働いてる人を見てどう思ったか
- なぜ○○空港なのか
- 国内線と国際線どちら希望か、その理由
- 成田、羽田の違い
- なぜ成田？ 関空と羽田は？
- なぜ羽田もあるのに、成田？
- なぜ成田なのか
- なぜ福岡か
- 北海道に住むことについて
- 福岡→○○に住むことに抵抗はないか？

ココが POINT

❹受験しようとしている会社への理解度を問う

志望動機では、「なぜその会社（ハンドリング会社）か」「なぜ空港なのか」を 問う質問が頻出しています。

GSはそれぞれの空港で働くことになるので、志望理由の一環として、なぜその 空港で働きたいのかまで考える必要があります。各空港の特色をどれぐらい 把握できているかであなたの本気度を見られます。

⑤ 考え方や視野について問う

● 最近のニュースについて
● 気になるニュース（航空系以外で）
● 最近気になっているニュースや興味をもっていること
● 気になるニュース、それで何を感じたか
● 最近の国際情勢ニュースは？
● 地域貢献をするため航空会社は何をすべきか

⑥ 自ら考える力を問う

● 国際社会の中で日本に足りないところ
● グループディスカッションの感想
● 20 年後どんな空港になっていると思うか
● なぜ○○学部に入学したのか
● なぜ○○語を勉強しようと思ったのか
● 出身地のアピール
● エアライン業界で気になること→答えへの深掘り

ココが POINT

⑤考え方や視野について問う

飛行機は世界と日本をつなぎ、その発着地である空港では、世界中・日本中の人々への対応が求められます。
日頃から様々なことにアンテナを張り、視野を広げておくことが冷静で適確な対応につながることでしょう。

⑥自ら考える力を問う

多くの人が行きかう空港では、様々な要望に対応しなければいけません。
どのような問題・課題に対しても、状況を読み解き柔軟に解決するために、自ら考え行動できる能力が求められます。

⑦ 自己の理解について問う

- 学生時代楽しかったことは
- 学生時代に力を入れて取り組んだこと
- 部活で学んだこと
- 自分が一番輝いていた瞬間
- 最近ワクワクしたこと、さみしかったこと
- 最近、腹を抱えて笑ったこと
- 普段の自分の役割について
- 自分の強みや弱み
- 長所は？ どう生かせるか
- 旅客サービスのイメージと、そこに自身の強みをどう生かすか
- 自分はリーダータイプ？サポートタイプ？
- 自分のどこがＧＳに向いているか
- 自分が接客に向いていると思った瞬間
- モチベーションの保ち方
- 挫折して何をモチベーションにどのように乗り越えてきたか
- 困難だったこと、どう乗り越えたか
- 挫折経験についてどう乗り越えたか
- アルバイトや留学の失敗談、それをどう乗り越えたか
- アルバイトで大変なこと
- 部活で大変なこと
- 人生で困ったこと
- 今までの面接で一番困った質問
- 失敗体験
- これまで上手く行かなかったときどのように乗り越えたか
- 弱みを生かして何かを達成したこと
- 最近、怒りでカッとなったこと
- 最近怒ったことは？
- 当社に入社するにあたって自分に今足りていないと思う部分は
- ＧＳになる上で足りないと思うこと
- 現職と全然違うがどんなところを活かせるか（既卒者）
- 社会人として１年間で何が大切と学んだか（既卒者）

ココが POINT

> ⑦自己の理解について問う
>
> 仕事で苦しいことや大変なことがあっても、自分の課題や目標を乗り越えられるかどうかを見極められます。
> 自分の経験を根拠にどんな場面であっても前向きにあきらめることなく取り組む姿勢を伝えましょう。

⑧ ポジティブ思考かどうかを問う

- 大学で学んだことを当社でどのように活かすか
- アルバイト（接客）で学んだこと
- アルバイトがエアラインに生かせること
- アルバイトで色々な職種に挑戦しているのはなぜ？
- 新しい環境に溶け込んだ経験、どうやって挑戦したか
- チームで何かを成し遂げた経験
- チームをどう引っ張っていくか
- チームの中で周りを巻き込んで成し遂げたこと
- ＧＳはチームワークがとても大切だが、チームワークが乱れたときどう対処するか
- チーム力を育むためにあなたはＧＳとしてどのようなチャレンジをしたいか
- お客様に接して、難しい、大変だなと感じることはあるか
- クレームや大変なことあった時に、どうやって前向きに捉えるようにしているか
- 入社前にしたいこと
- 入社したら何を実現したいか

ココが POINT

⑧ポジティブ思考かどうかを問う

エアライン業界では、少しのチームワークの乱れがインシデントやアクシデントにつながり、安全を脅かす事態を招きかねません。仲間と良い信頼関係を築きチームワークを発揮するためには、より積極的なコミュニケーションや、ポジティブな考え方が求められます。

⑨ ホスピタリティマインドが身についているかを問う

- 日本のおもてなしとは
- 最近感動したこと
- 心温まるのはどんな時
- 絆を感じたエピソード
- 良いコミュニケーションとは
- 笑顔にどういう意味があるのか
- 今まで受けた、または提供した最高のサービス
- サービスを受ける側 または提供する側として印象に残っているエピソード
- 旅行に行った際に受けた最高のサービス
- 飛行機を飛ばすために１番大切だと思うこと
- 人と接する上で気をつけていること
- 接客のときに大切にしていること
- 隣の人を紹介して

- 仲間が悩んでいるときにどう対処するか
- 最高のチームとは
- チームにおいて大切なこと
- チームワークで大切だと思うことは何か
- チームで動くときに意識していたこと、その力を弊社でどう活かすか
- 空港でキョロキョロしているお客様にどう接するか
- 苦手な人は？ その人に対してどう接する？
- 苦手な人と一緒に行動するとなった場合どう行動するか
- アルバイトで難しいお客様がいた場合、どう対応していたか
- 気難しい人にどう対応するか。その際、何が一番大切だと思うか
- お客様に通路側のお席が良いと言われたが、空いていなかったらどうするか
- お客様対応をしていたら、突然暴力を振るわれた。どうするか（挙手制）

ココが POINT

⑨ホスピタリティマインドが身についているかを問う

相手の立場に立って考えることができるか、周りと連携してやっていけるかどうかは、GS の仕事の根幹を占めています。
どのようなお客様に対しても、その人にあったサービスを提供できる資質を見極めるための質問といえます。

⑩ 心身共に健康に保っているかを問う

- 健康管理の方法
- ストレス発散法
- リフレッシュ法について
- 1 番プレッシャーを感じた時は？
- 体力に自信があるか、24 時間空港であるため不規則だが大丈夫か
- シフト勤務だけど、体力などは大丈夫か
- 体力自慢をして

ココが POINT

⑩心身共に健康に保っているかを問う

基本的に立ち仕事で空港を走り回り、シフト制で働く GS では、まずは健康と体力が確認されます。
スポーツ経験などがあれば伝えると良いですね。

⑪ 社会人としての考え方や行動を問う

- あなたにとって仕事とはなにか
- 人にしかできない価値とは
- 職業観、あなたが働く上で大切にしたいこと
- あなたにとってプロフェッショナルとは
- 休日は何をしますか
- 最近興味があること
- 常にどういうことを心掛けているか

⑫ 就活状況についての確認

- 現在の選考状況
- 他社の選考状況
- 内定状況
- 他の空港のＧＳを受けているか
- エアライン業界以外にどの業界を見ているか
- ＣＡも受験しているか

⑬ 最後に一言

- 逆質問＋最後に一言
- 最後に言い残したことと伝えたいこと
- 最後に言い残したこと（挙手制）
- 最後に一言

ココが POINT

⑪社会人としての考え方や行動を問う

自己分析から、あなたなりに日頃から心掛けていることや、意識していることをまとめる必要があります。その企業の一員であり会社の顔であることから、社会人としての当たり前のふるまいや考え方を見られます。

⑫就活状況についての確認

他の空港と掛け持ち受験している場合は、その会社に向けての志望度の高さを伝えていきましょう。また、CA職希望ではないか確認されることもあります。

⑬最後に一言

ほとんどの企業で、最後の発言ができる機会です。「挙手でお答えください」と言われる場合もありますので、熱意も見られることでしょう。「特にありません」という回答はチャンスを逃すことにもなりかねません。
伝えきれなかった想いを述べることで、内定をつかみ取ってください！

あなたはなぜ、ＣＡ・ＧＳを目指しますか

　この問いかけに真正面から向き合ったことはありますか？
　COVID-19 の世界的な大流行によって、2020 年から２年間、航空会社の採用がほぼ皆無となってしまいました。今まで、当たり前だと思っていたエアライン採用がなくなったことで、新卒者は他業種、他職種を選ぶことを余儀なくされ、エアラインに転職をと考えていた既卒の人たちも、一旦白紙に戻すことになってしまいました。
　改めてエアライン業界ではなくなぜ他業種の企業なのか、ＣＡやＧＳではなく営業や事務関係なのか、語学力を生かす仕事はあるのか、一から自分を見つめ直し将来の方向性をじっくり考える必要が出てきました。
　2022 年、幸いなことに大手ではＪＡＬがＣＡ採用に踏み切り、ＪＡＬ系もＡＮＡ系もＧＳ採用を行いました。ところが、ＪＡＬのＣＡ採用は100 名で、しかも採用がなくなった時点の 2021 〜 23 年の卒業者まで新卒者として受けられると発表し、今までの中でも一番厳しい採用枠になったかもしれません。

　このような状況下だからこそ、あなたのＣＡ・ＧＳ職への思いは、今までよりもさらに試されています。**なりたいという憧れではなく、本当に内定を勝ち取る自分になるのか、なっているのか、なっていけるのか。まさに真の熱意と、努力するという覚悟と、この仕事で生きていくという決意を持って行動できるのかが試されています。**
　あなたには、あなたらしい強みがあります。
　「自分らしさを生かしたい！」を原点に、誰にも負けない熱意を持って、コツコツと努力を惜しまずに勉強を続けていってください。

　必ずＣＡ・ＧＳ職の道は開けます。

おわりに

ＣＡ、ＧＳ職を受ける皆さん、ここまで来たら試験準備ももう万全
ですね！

自分のことがまだ理解できていないと思う人は、もう一度、第３章
自己分析に戻り、書き込んだ内容を見つめなおして、自分の強みを
確認しましょう。

面接に自信がない……という受験生は、鏡を毎日見て笑顔練習しなが
ら、質疑応答の練習をしてみてください！

そして、
「この仕事でやりたいことがある」
「成長していきたい自分がいる」
「その先には会社の顔になっていたい自分がいる」
この思いを持って受験していきましょう！

熱意と決意を持って、さあ挑戦です！

2024 年 2 月

木野本 美千代

索引 【50音順】

索引

ココが POINT

本気で取り組めば、
自分のすべて一つ一つに魂が宿ります！
今日からは、1年後にCA・GSとして
働いている自分の姿を想像して、その
ために、小さなことから意識して
取り組んでいきましょう。

●著書紹介

木野本 美千代（きのもと　みちよ）

元日本航空客室乗務員／２級キャリアコンサルティング技能士／キャリア・デベロップメント・アドバイザー（日本キャリア開発協会）／キャリアコンサルタント／ホスピタリティコーディネータ
大手エアラインスクールで 22 年間、国内航空会社受験対策の面接・一般教養講師、外資系航空会社の日本語面接を担当。現在大学にてカウンセリング、キャリア教育、エアラインセミナー講師として活動。企業向けホスピタリティ研修講師。京都外国語大学において元非常勤講師（ホスピタリティ論担当）。エアラインアカデミー SKYPath 講師

日比 ひろみ（ひび　ひろみ）

元日本航空・ＪＡＬウェイズ客室乗務員／２級キャリアコンサルティング技能士／キャリア・デベロップメント・アドバイザー（日本キャリア開発協会）／キャリアコンサルタント
大学でのキャリアカウンセリングを中心に、エアラインセミナー講師・一般企業向け就活対策講師として活動。エアラインアカデミー SKYPath 講師

エアラインアカデミー SKYPath
30 年間で約 2,000 人にのぼるＣＡ・ＧＳを輩出した講師陣によるアカデミー。
近くにエアライン受験対策スクールがなくても、日本全国、および海外留学中の人もチャレンジできるようにとの思いから開設。対面、オンライン対応。https://www.skypath.info/

ＣＡＧＳエアライン受験対策 書き込み式テキスト 2025 年就職版

CAGS就活

2024年3月13日　第１刷発行

著　　　者　木野本 美千代　日比 ひろみ
発 行 者　増田 幸美
発　　　行　株式会社ペンコム
　　　　　　〒 673-0877　兵庫県明石市人丸町 2-20　https://pencom.co.jp/
発　　　売　株式会社インプレス
　　　　　　〒 101-0051　東京都千代田区神田神保町一丁目 105 番地

○本の内容に関するお問い合わせ先
　株式会社ペンコム
　TEL：078-914-0391　FAX：078-959-8033

○乱丁本・落丁本などのお問い合せ先
　FAX：03-6837-5023　service@impress.co.jp
　古書店で購入されたものについてはお取り替えできません。

印刷・製本　株式会社シナノパブリッシングプレス

［特別寄稿］
　　　第 6 章 Section08,09 執筆　動画監督　オリカワシュウイチ
　　　第 8 章 コラム 神戸学院大学経営学部准教授　相島 淑美

ISBN：978-4-295-40950-2　C2065